Ursula Hahnenberg | Daniela Diephaus

Das große Förder-Spiele-Buch 1

2 – 4 Jahre

Ursula Hahnenberg | Daniela Diephaus

Das große Förder-Spiele-Buch 1

2 – 4 Jahre

BORGMANN
MEDIA

Unser Buchprogramm im Internet
www.verlag-modernes-lernen.de

© 2010 by SolArgent Media, Division of BORGMANN HOLDING AG, Basel

Veröffentlicht in der Edition:
BORGMANN MEDIA • Schleefstraße 14 • D-44287 Dortmund

Gesamtherstellung: Löer Druck GmbH, Dortmund

Bestell-Nr. 9417   ISBN 978-3-938187-68-5

Inhalt

4. Kapitel

Hören und Zuhören – Musik in meinen Ohren

5. Kapitel

Schmecken und Riechen – Der Duft der großen Welt

6. Kapitel

Fühlen und Tasten – Die Welt be-greifen

7. Kapitel

Malen, Schneiden, Kleben – Mal nicht im Malbuch

8. Kapitel
Werken mit Holz, Stein, Stoff – Meiner Hände Arbeit

9. Kapitel
Gekauftes Spielzeug – Sinn-volle Investitionen

10. Kapitel
Im Urlaub, in Auto, Bahn, Flugzeug – Spiele aus der Handtasche

Vorwort und Einführung

Vorwort zum Thema Förderung (an Eltern und Großeltern)

Kinder sinnvoll beschäftigen bedeutet, sie in ihrer Entwicklung zu unterstützen und ihnen ein Umfeld anzubieten, in dem sie die Lust am Lernen nicht verlieren. Die kindliche Entwicklung läuft in vielen, aufeinander aufbauenden Schritten ab. Um sie wirksam zu unterstützen, ist es wichtig, das Kind auf der Stufe abzuholen, auf der es gerade steht. Als Elternteil sollten Sie die Angebote so auswählen, dass Ihr Kind stets mit einem Erfolgserlebnis abschließt. Dazu kann es notwendig sein, dem Nachwuchs an der richtigen Stelle eine Hilfestellung zu geben – oder die Kleinen ganz allein arbeiten zu lassen, um anschließend ihre Selbständigkeit zu loben. Freuen Sie sich mit ihrem Kind über das entstandene Ergebnis oder die zusammen verbrachte Zeit, denn so motivieren Sie es, auch an weiteren Angeboten teilzunehmen.

Natürlich ist jede sinnvolle Beschäftigung mit Ihrem Kind eine gute Sache. Manchmal, zum Beispiel wenn sich leichte Entwicklungsschwächen bei Ihrem Kind zeigen, ist es aber wichtig, genauer zu wissen, welche Bereiche der kindlichen Entwicklung mit einem Spiel oder einer Bastelarbeit gefördert werden.

Ein Großteil der Angebote hat einen positiven Einfluss auf die **Wahrnehmung**. Unter Wahrnehmung versteht man die Sammlung von Informationen eines Lebewesens über seine Sinne. Man unterscheidet die Wahrnehmung des eigenen Körpers und die Wahrnehmung der Außenwelt. Eine gute Körperwahrnehmung ist die Basis für die Entwicklung der Grob- und Feinmotorik. Die Außenwelt wird über die Fünf Sinne (sehen = visuell, hören = auditiv, tasten = taktil, riechen = olfaktorisch und schmecken = gustatorisch) wahrgenommen. Wenn die Verarbeitung aller Sinnesreize gefestigt ist, können sich Kinder besser und länger konzentrieren – eine (auch) für den Schulerfolg wichtige Grundfähigkeit.
Die meisten Kinder lieben es, in Bewegung zu sein und schulen ihre Bewegungsfähigkeit **(Motorik)** so von ganz allein. Unterschieden wird zwischen Grobmotorik (Ganzkörperbewegung, Bewegungskoordination) und Feinmotorik (Fingergeschicklichkeit, Handbewegungen). Einen Nagel in ein Brett zu schlagen scheint eine „grobe" Bewegung zu sein. Da die Bewegungsausführung aber aus der Hand erfolgt, handelt es sich tatsächlich um eine feinmotorische Bewegung.

Mit nahezu allen Beschäftigungen trainieren Sie im weiteren Sinne die **Kognition** Ihres Kindes. Unter Kognition versteht man das „Denken" in einem umfassenden Sinn. Zu den kognitiven Fähigkeiten zählen Aufmerksamkeit, Konzentration, Erinnerung, Lernen, Kreativität und das Planen. Wenn Sie also ein Spiel mit Ihrem Kind beginnen, fordern Sie es unmittelbar zu kognitiver Aktivität heraus.

Mit gezielten Fragen regen Sie es dazu an, sich in seinen kognitiven Funktionen zu verbessern, indem es Handlungsschritte plant oder Zusammenhänge hinterfragt.

Ihr Kind zu Hause mit sinnvollen Spielideen zu fördern, ist ein wichtiger Schritt, um seine Entwicklung zu unterstützen und eine gute Vorbereitung auf die Anforderungen der Schule zu gewährleisten. Leider ist auch die intensivste häusliche Förderung keine Garantie dafür, dass Ihr Kind jeden Entwicklungsschritt meistert. Bleiben Sie daher mit den Erzieherinnen des Kindergartens sowie Ihrem Kinderarzt in Kontakt. Diese werden Sie darüber informieren, wenn sie leichte Verzögerungen wahrnehmen. Gemeinsam sollten Sie dann entscheiden, ob therapeutische Unterstützung oder eine gezielte Förderung in einzelnen Bereichen notwendig ist.

Ein Ziel dieses Buches ist es, Eltern Hinweise und Ideen anzubieten, wie sie zu Hause die Entwicklung ihres Kindes unterstützen können. Als Ergotherapeutin bin ich selbst regelmäßig auf der Suche nach geeigneten, abwechslungsreichen Spielen, Basteleien und Beschäftigungsmöglichkeiten, die nicht zu viel Zeit in Anspruch nehmen. Außerdem gehört zu meinen täglichen Aufgaben, den Eltern Anregungen für zu Hause mitzugeben. Mit diesem Buch wollen wir Therapeuten, Erziehern und Pädagogen die praktische Hilfe an die Hand geben, die ich selbst lange vermisst habe.

Daniela Diephaus

Entwicklungsschritte von Kindern zwischen 2 und 4 Jahren

Kinder in diesem Lebensabschnitt zu fördern bedeutet, eine geeignete Umgebung und ansprechende Angebote zur Verfügung zu stellen, die den Kindern die Möglichkeit geben, ihre Fähigkeiten selbst zu fördern.

„Hilf mir, es selbst zu tun." Dieser Satz ist bekannt geworden als der Grundgedanke der Montessori-Pädagogik. Doch unabhängig von pädagogischen Konzepten, scheint es die Grundforderung aller Kinder ab dem zweiten Lebensjahr zu sein.

Kinder lernen in diesen aufregenden Jahren sowohl ihren eigenen Körper als auch ihre Umwelt immer besser kennen. Sie verfestigen bereits erworbene Grundkenntnisse und lernen, ihren Körper ihren Bedürfnissen entsprechend einzusetzen. Viele Tätigkeiten werden mit unglaublicher Geduld immer wieder geübt und wiederholt.

Grobmotorik: Die Kinder gehen und laufen mit 2 Jahren sicher und lernen immer wieder neue Möglichkeiten der Bewegung und Fortbewegung kennen: springen, hüpfen, Treppen steigen, auf Zehenspitzen gehen, balancieren, auf Stühle und andere Gegenstände klettern, mit Rutschauto, Dreirad oder Laufrad etc. fahren, auf einem Bein stehen und vieles andere mehr.

Als Elternteil sollte man den Kindern durch verschiedene Spiele und Anregungen die Möglichkeit bieten, sowohl draußen im Garten oder auf dem Spielplatz als auch im Haus grobmotorische Fähigkeiten zu verbessern. Dazu gehört, einem ängstlichen Kind Sicherheit zu geben und Mut zuzusprechen und ein ungestümes Kind zu beaufsichtigen, damit es seine Fähigkeiten richtig einzuschätzen lernt. „Nur wer hinfällt, lernt wieder aufzustehen." Nach diesem Motto sollten Sie Ihre Fürsorge sorgfältig dosieren und einen Kratzer oder eine Schramme am Knie bei Ihrem Kind in Kauf nehmen. Dabei lernt Ihr Kind mehr, als wenn es nur anderen Kindern bei vermeintlich gefährlichen Klettereien zusieht.

Feinmotorik: Neue Werkzeuge und Materialien werden entdeckt. Das Kind beginnt, sich für Papier und Stifte, für Farben in allen möglichen Varianten zu interessieren. Zunächst werden alle neuen Dinge ausgiebig getestet, bevor schöpferisch und gegenständlich gemalt, gezeichnet und gebastelt werden kann. Auch große Perlen auffädeln, Knöpfe öffnen und schließen, einfache Puzzles machen, Türme aus Klötzen bauen, die eigenen Hände waschen und vieles andere werden stetig und mit großem Interesse geübt. Lassen Sie die Kinder das Material in Ruhe kennen lernen und bleiben Sie ruhig, wenn der Klebstoff erst gedrückt, verschmiert und ertastet wird. Lassen Sie den Kindern viele Freiheiten, aber stellen Sie dennoch klare Regeln auf (zum Beispiel, dass nach der Bastelei zusammen aufgeräumt wird). Schaffen Sie auch hier Raum für Erfolgserlebnisse: alles, was das Kind schon selbst tun kann, sollte es auch selbst tun dürfen, auch wenn das Resultat nicht so schön aussieht und/oder auf sich warten lässt.

Sprache: In diese Zeit fällt eine wesentliche Weiterentwicklung der Sprache. Ausgehend von 20 bis 50 Worten vergrößern die Kinder nicht nur ihren Wortschatz immens, sie lernen auch mit Sprache immer besser umzugehen. Sie erwerben die Fähigkeit, Handlungen zu planen und sich Dinge vorzustellen, um in Rollenspielen ihre sozialen Fähigkeiten üben zu können. Die meisten Kinder singen gerne und lernen auch kleine Verse. Sie fragen viel und haben das Bedürfnis immer mehr immer selbstständiger zu machen. Sprechen Sie viel mit Ihrem Kind und lesen Sie regelmäßig vor. Nutzen Sie Lieder und Sprachspiele als Lückenfüller während Spaziergängen und Autofahrten.

In der natürlichen Entwicklung kann es vorkommen, dass ein Kind sich einen Schwerpunkt sucht und in diesem Bereich seiner Entwicklung schon weiter vorangeschritten ist (zum Beispiel motorisch starke Fußballer oder verbal-starke Kinder). Solche Kinder sind in anderen Bereichen vielleicht etwas langsamer. Das ist ganz normal und wird nach einiger Zeit aufgeholt, aber gerade dort können die Eltern motivierend einspringen und den Kindern Angebote in dieser Richtung machen.

Am Ende der Lebensphase zwischen 2 und 4 Jahren haben sich die Kinder die wichtigsten Voraussetzungen angeeignet, die sie brauchen, um mit anderen Kindern zu interagieren, das heißt zu spielen, zu streiten und sich zu versöhnen, sich durchzusetzen und auch nachzugeben.

Ursula Hahnenberg

Ein Wort zur Vorbereitung

Gute Vorbereitung ist alles. Das soll aber durchaus nicht heißen, dass Sie für unsere Spiel- und Bastelideen tagelange Planungen anstellen müssen. Im Gegenteil, wenn Sie einige Dinge vorrätig haben, einiges kaufen, anderes wie Verpackungen einfach nicht wegwerfen, wird es Ihnen viel leichter fallen, spontan auf die Wünsche und Bedürfnisse Ihrer Kinder einzugehen.

Hier ein paar Tipps für einen guten Start:

Wählen Sie für unsere Bastel- und Werkvorschläge einen Tisch, an dem die Kinder gut im Sitzen oder Stehen arbeiten können. Besorgen Sie ein Wachstischtuch, das nur zum Basteln und Malen dient und bei dem Sie sich über Farbflecke nicht ärgern müssen. Eine Alternative sind große Back- und Bastelbretter, die den Tisch auch dann schützen, wenn einmal mit Hammer und Nagel gearbeitet wird.

Manche Werkstücke, zum Beispiel aus Ton oder Gips, benötigen einige Stunden oder sogar Tage zum Trocknen. Dafür sollte eine mit Zeitungen oder einer anderen Schutzschicht bedeckte Fläche zur Verfügung stehen.

Ein altes T-Shirt oder ein ausgedientes Hemd eines Erwachsenen, bei dem die Ärmel gekürzt wurden, kann als Mal- und Bastelkittel dienen. Denken Sie aber auch an „Schutzkleidung" für sich selbst. Die meisten Farbflecke lassen sich einfach von der Haut entfernen, Flecken auf Kleidungsstücken sollten aber sofort mit Wasser und eventuell Gallseife ausgewaschen werden. Generell empfiehlt es sich, bei der Arbeit mit Farben einen feuchten Lappen oder Schwamm, ein altes Handtuch und Küchenrolle bereitzustellen. Dann lassen sich Arbeitsfläche und Hände schnell abwischen.

Bei der Arbeit mit Werkzeugen aller Art sollten Sie Pflaster in Reichweite haben.

Reservieren Sie eine Schublade, eine Kiste oder einen anderen Ort, an dem Sie Gegenstände wie Stoffreste, Schachteln, Papier, Stöcke, Lebensmittelverpackungen und anderes mehr sammeln und aufbewahren können. Vieles davon ist sehr zum Basteln geeignet und viel preiswerter als gekauftes Material.

Einige Vorschläge für die Vorratsliste:

- Alufolie
- Alleskleber
- Backpapier
- Blumendraht
- Brottüten (Pergamentpapier)
- Bleistifte, Buntstifte und Filzstifte sowie Wachsmalkreiden
- Buntstiftspitzer, Radiergummi, Lineal, Bastelscheren
- Eimer und Plastikschalen (Verpackungen von Eiskrem, Joghurt, etc)

- Einmalhandschuhe
- Eierkartons
- Farben:
  Wasserfarben, Plakatfarben,
  eventuell wasserlösliche
  Acrylfarben und Acryl-Klarlack
  (werden mit den Farben Kinder-
  spielzeuge gestrichen,
  sollte „speichelecht" auf der
  Verpackung vermerkt sein),
  Lebensmittelfarben
- Flaschen, auch mit Pumpzer-
  stäuber
- Gips und Gipsbinden
- Glitzer und Glitzerstifte
- Gummiringe
- Hammer und Nägel
- Holzreste, Brettchen
- Holzspieße, Schaschlikspieße
  aus Holz
- Einige Joghurtbecher
- Runde Käseschachteln
- Küchenrolle
- Karton
- Klebeband
- Kleister
- Knetmasse
- Korken
- Lineal
- Luftballons
- Marmeladengläser mit Deckel in
  verschiedenen Größen
- Muscheln
- Verschiedene Papiersorten
- Pappe
- Papprollen (z. B. Toilettenpapier)
- Pappteller
- Perlen aus Holz und Glas
- Pinsel
- Plastikblumentöpfe
- Plastikflaschen, zum Beispiel
  von Spülmittel
- Schablonen
- Scheren
- Schleifpapier in verschiedenen
  Körnungen
- Schnur
- Schuhschachteln
- Spielzeugaugen zum Aufkleben
- Schwämme
- Steine
- Stöcke und Holzscheite
- Stoffreste
- Strohhalme
- Styroporreste
- Tacker und Locher
- Tontöpfe
- Watte
- Wollreste
- Zeitungspapier, Zeitschriften,
  Kataloge

Wohin mit der Kinderkunst?

Sobald die Kinder in den Kindergarten kommen, werden Sie immer wieder mit mitgebrachten Bildern oder Bastelarbeiten überrascht. Wenn Sie auch zu Hause mit Ihren Kindern malen und basteln, häuft sich nach und nach eine Unmenge Kinderkunst an. Sicher kann man nicht alle dieser Kunstwerke aufheben. Sie sollten sie jedoch alle gebührend bewundern und vielleicht wenigstens einige Tage aufhängen – bis das nächste Bild den Platz benötigt.

Vielleicht gibt es in der Küche oder in der Diele einen Bereich, den man für eine Art Wechselausstellung nutzen kann. Im Rahmenhandel bekommt man Leicht-schaumplatten, die man gut an der Wand anbringen kann. Man kann sie dann wie eine große Pinnwand benutzen und auch mehrere Platten nebeneinander anbringen. Eine Platte kann man mit besonders gelungenen Kinderzeichnungen beziehen und wie eine richtige Pinnwand benutzen.

Aber auch im Kinderzimmer sollten Sie Ihrem Kind die Möglichkeit geben, Zeich-nungen, Gemälde und Basteleien aufzubewahren. Dazu eignet sich ebenfalls eine große Pinnwand oder Sie spannen eine Schnur an einer Wand entlang, an der Ihr Kind Bilder und Bastelarbeiten selbst mit Wäscheklammern aufhängen kann.

An dieser Stelle möchte ich allen Kindern danken, die mit uns gespielt und ge-bastelt haben: Kilian, Benedikt, Anna-Maria, Max, Florian, Timo, Tonja, Gandolf, Noah, Benedikt, Severin und Denis.

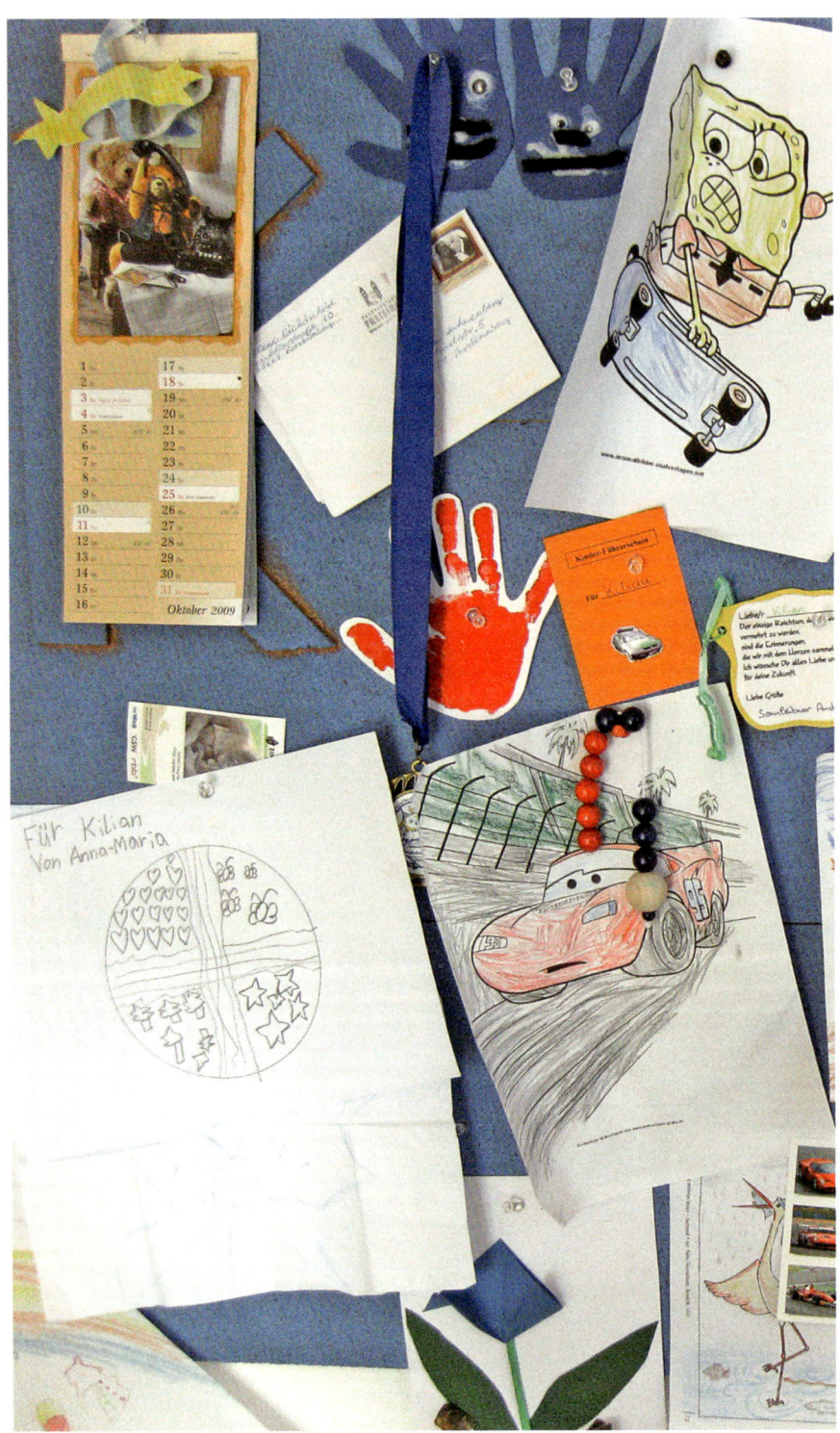

1. Bewegungsspiele drinnen – Wenn das Wohnzimmer zur Turnhalle wird

Lustige Fußgymnastik

Material:	Steinchen, Murmeln, Kiefernzapfen, Schuhkarton, Stöckchen oder Stifte, Luftballon, Pfeifenputzer, Pappbecher
Zeitaufwand:	pro Spiel 5 –10 Minuten
Alter:	ab 3 Jahre

Bei diesem Spiel werden die Füße einmal ganz vorsichtig trainiert. Präparieren Sie zuvor einen leeren Schuhkarton, indem Sie verschieden große Löcher in den Deckel schneiden. Dann wird der Deckel wieder auf das Unterteil gelegt und die Schachtel verschlossen.

Liegt das Material griffbereit, ziehen alle ihre Schuhe und Socken aus. Dann beginnt die Zehen- und Fußgymnastik mit verschiedenen Spielen:

- Am Boden liegende Gegenstände werden mit den Füßen oder Zehen gegriffen und aufgehoben. Interessant ist es, sie anschließend in die unterschiedlich großen Löcher im Deckel eines Schuhkartons zu stecken. Versuchen Sie

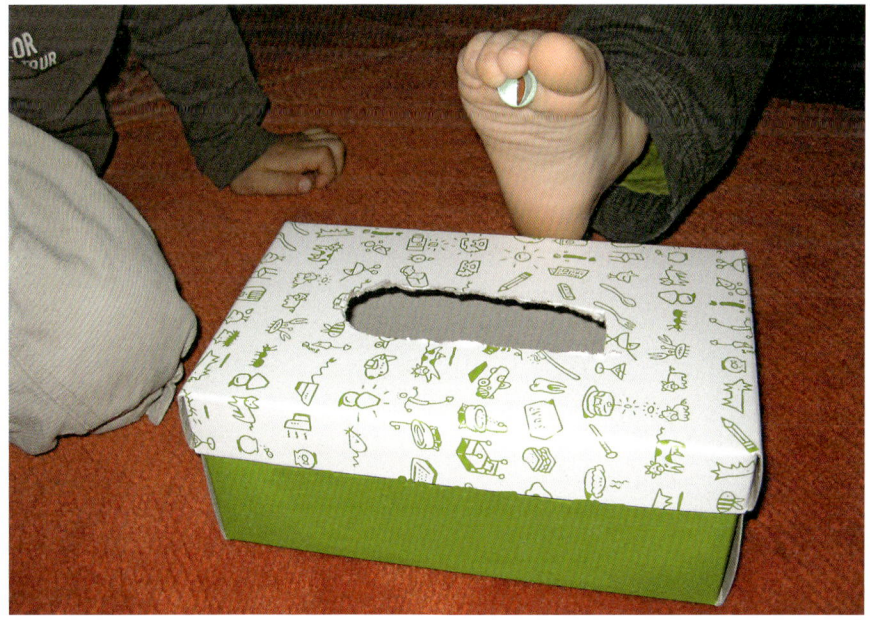

es selbst. Zu große Gegenstände können sehr kleine Zehen noch nicht hochheben, probieren Sie mit Ihrem Kind, welche Gegenstände geeignet sind.

- Stöckchen oder dickere Holzstifte werden zwischen 2 Zehen eingeklemmt und dann von einer Person zur nächsten weiter gegeben. Gar nicht so schwierig, aber spannend als kleiner Staffellauf.
- Spielvariante für draußen: Ringe mit einem Durchmesser von 10 bis 15 cm werden mit den Zehen gegriffen und auf ein im Boden steckendes Stöckchen gefädelt.
- Blasen Sie einen Luftballon auf, ohne ihn zu verknoten. Die Kinder klemmen den Ballon zwischen die Zehen und versuchen umher zu laufen, ohne dass der Ballon Luft verliert. Auf ein Signal hin lassen die Mitspieler den Ballon los. Saust er davon?
- Pappbecher werden mit den Füßen zu einem Turm gestapelt. Je höher der Turm wird, desto mehr wird das zur Gleichgewichtsübung.

ℹ️ Die Fußgymnastikspiele verbessern die Kraft der Fuß- und Wadenmuskulatur und können damit Fehlstellungen entgegenwirken. Das hat einen positiven Einfluss auf Körperkoordination und Gleichgewicht. Solche Übungen kennen die Kinder meist noch nicht aus dem Kindergarten und sind dann sehr motiviert. Aus demselben Grund brauchen sie aber zunächst etwas Übung. Motivieren Sie Ihren Nachwuchs, indem Sie mitmachen und loben Sie kleine Erfolge!

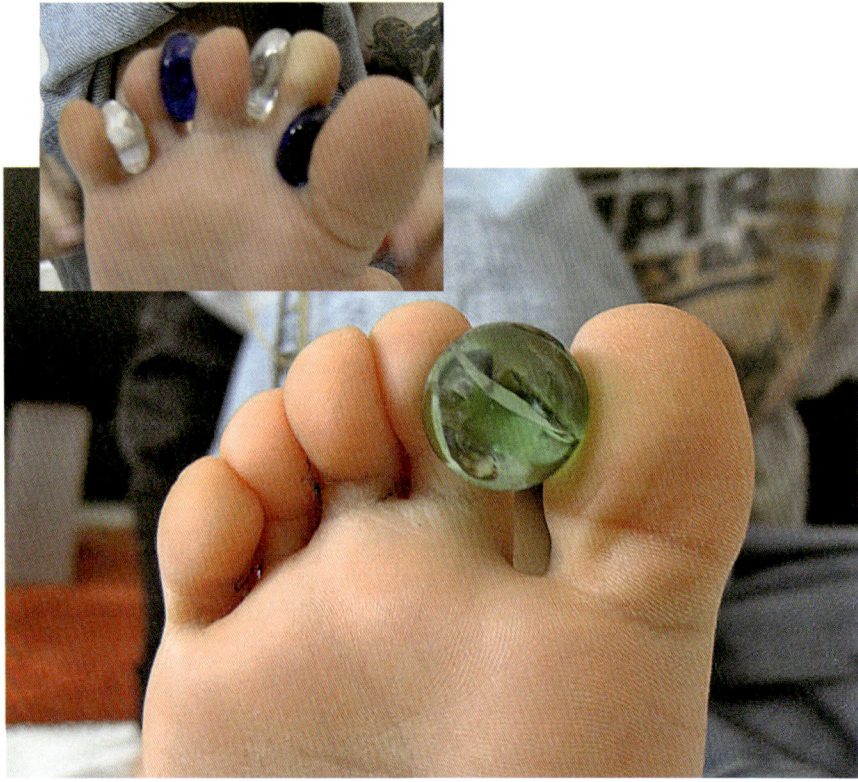

Mumien im Wohnzimmer

Material:	eine große Wolldecke, mindestens 2 x 2m freier Platz auf dem Boden
Zeitaufwand:	ca. 10–15 Minuten
Alter:	ab 2 Jahren

Die Wolldecke auf dem Boden ausbreiten. Das Kind legt sich auf ein Ende der Decke und wird dann langsam eingerollt. Am Anfang sollte man Kopf und Arme freilassen, nach ein wenig Übung nur noch den Kopf. Die Decke eng, aber nicht zu fest wickeln, das Kind soll die Begrenzung gut spüren können und sich nach ein paar Sekunden selbst durch Rollen befreien.

Die Wolldecke eignet sich auch sehr gut, um damit bei schlechtem Wetter das Wohnzimmer zum Abenteuerspielplatz zu machen. Eine Höhle ist schnell gebaut, die Decke einfach über zwei Stühle oder einen Tisch legen. Eine kleine Taschenlampe steigert das Abenteuergefühl noch. Solche selbstgebauten Höhlen sind erfahrungsgemäß günstiger und viel beliebter als fertige Spielzelte.

💬 **Kilian:** *„Und jetzt rollen wir die Mama ein!"*

➡️ **Praxistipp:** Das Mumienspiel ist auch gut geeignet, überdrehte Kinder zur Ruhe zu bringen. Man sollte aber dabei zunächst sehr behutsam vorgehen, denn manche Kinder mögen die engen Begrenzungen nicht oder müssen sich langsam daran gewöhnen.

ℹ️ Mit dem Mumien-Spiel fördern Sie die Wahrnehmung und die Grobmotorik Ihres Kindes.
Durch den Reiz der Decke, den die Kinder am ganzen Körper spüren, nehmen sie sich selbst ganz bewusst wahr und entwickeln ein ausgeprägtes Körperbewusstsein. Durch das Ausrollen wird der Gleichgewichtssinn angeregt und die Kinder müssen Körperspannung aufbauen.

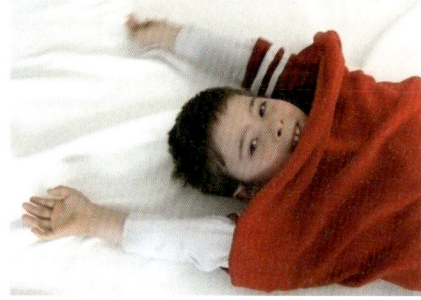 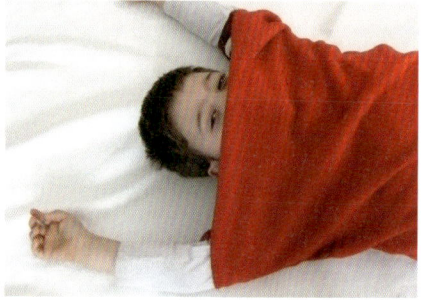

Decken-Transporter

Material:	glatter Fußboden (Holz, Laminat, Fließen), eine Wolldecke
Zeitaufwand:	5 bis 10 Minuten
Alter:	ab 2 Jahren

Beim Decken-Transporter legen sich ein oder zwei Kinder auf eine Wolldecke und werden von einem Erwachsenen durch den Raum gezogen. Gleichaltrige Kinder können auch versuchen, sich gegenseitig zu ziehen.

Achtung: vor allem für kleine Kinder ist es sicherer, sich auf die Decke zu legen, anstatt sich nur hinzusetzen, da die Möglichkeit besteht, dass sie beim ersten Anziehen die Balance verlieren und nach hinten umkippen. Ältere Kinder können sich auch hinknien.

Variieren Sie und fassen Sie einmal das Kind, das auf der Decke liegt an Händen oder Füßen und ziehen Sie nächstes Mal die Decke.

Spielen zwei Erwachsene mit, kann sich das Kind auf die Decke legen und die Erwachsenen nehmen je zwei Enden der Decke fest in die Hand. Dann wird das Kind in der Decke hochgehoben und leicht geschaukelt.

💬 **Kilian:** *„Ziehst Du uns noch mal Mama?"*

ℹ️ Das Spiel „Decken-Transporter" fördert die Wahrnehmung Ihres Kindes. Es erfährt vestibuläre Reize, also Reize, die sein Gleichgewichtsorgan anregen. Wird es an Händen oder Füßen gezogen, wird zudem das Körperbewusstsein angeregt.

Je nachdem, ob die Kinder auf der Decke liegen, sitzen oder knien, müssen sie ihre Körperspannung anpassen und das Gleichgewicht halten. In der Decke geschaukelt zu werden, ist auch für ängstliche Kinder angenehm, da zwar das Gleichgewichtssystem angeregt, durch die Enge aber auch Sicherheit vermittelt wird.

Luftballonspiele

Material:	Luftballons in verschiedenen Größen und Formen
Zeitaufwand:	je nach Spiel 5 bis 25 Minuten
Alter:	ab 1 Jahr

Schon die Kleinsten spielen gerne mit Luftballons. Dabei reicht es schon, den Ballon hin und her zu schlagen. Kindern ab 4 Jahren sollte man bei genügend Platz die Herausforderung stellen, den Ballon nicht auf den Boden aufkommen zu lassen. Füllt man ein wenig Wasser in einen Ballon, verändern sich die Flugeigenschaften und der Ballon ist einfacher zu fangen. Noch mehr Spaß macht es, wenn mehrere Kinder im Kreis stehen.

Einige Vorschläge zu Spielmöglichkeiten:

- Ballonkämpfe: Längliche Luftballons können als ungefährliche Schwerter dienen, mit denen die Kinder sich abreagieren können. Dafür kann man zum Beispiel einen großen Ballon von der Zimmerdecke hängen lassen, den die Kinder dann mit den Schwertern schlagen dürfen.
- Luftballonspiel im Kreis: Mehrere Kinder stellen sich so auf, dass sie einen Kreis bilden, ein Ballon wird ins Spiel gebracht und die Kinder müssen ihn einander zuspielen, ohne dass der Ballon den Boden berührt.
- Eierlaufen mit Ballons: Anstelle der zerbrechlichen Eier benutzt man bei dieser Variante des Klassikers Luftballons, in die ein Esslöffel Linsen, Erbsen oder Sand gefüllt wurde. Dann bläst man den Ballon vorsichtig auf, bis er die Größe einer Orange erreicht hat. Der Ballon wird dann von den Kindern auf einem Esslöffel von einem Start- bis zu einem Zielpunkt getragen und sollte dabei nicht auf den Boden fallen. Ältere Kinder können das mit Ballons versuchen, die nicht zuvor präpariert wurden.
- Bunte Ballons: Mit Luftballons kann man Farben lernen und trainieren („Gib mir mal den blauen Ballon.").
- Zauberballons: Reibt man den Luftballon zum Beispiel an einem Pulli, entsteht elektrostatische Anziehungskraft. Dadurch kann der Ballon an der Decke oder der Zimmerwand „kleben" oder die Haare zu Berge stehen lassen.
- Ballonmarsch: Klemmt man sich einen Ballon zwischen die Knie und versucht zu gehen, sieht das sehr komisch aus.

- Ballonkissen: Wenn beim Kindergeburtstag viele Luftballons übrig geblieben sind, füllt man die Ballons in einen großen Kissen- oder Bettbezug. Auf diesem weichen, aber etwas unförmigen Kissen kann man klettern, sich hineinsetzen und sich fallen lassen.
- Ballongrimassen: Malt man mit einem wasserfesten Stift ein Gesicht auf einen Luftballon, ändert sich der Gesichtsausdruck, wenn man den Luftballon drückt.
- Ballonmusik: Man pustet einen Luftballon auf, ohne ihn zu verknoten. Dann zieht man die Öffnung mit beiden Händen breit auseinander und lässt die Luft entweichen – ein schriller Quietschton entsteht.
- Ein kleiner Zaubertrick: Kleben Sie ein kleines Stück transparentes Klebeband auf einen Ballon. Danach kann man mit einer Nadel in den Ballon stechen, ohne dass der Ballon platzt.

ⓘ Mit den Luftballonspielen fördern Sie Ihre Kinder im Bereich Motorik.
Die Kinder trainieren ihre Auge-Hand-Koordination ähnlich wie beim Ballspiel, fürchten aber den Kontakt mit dem Ballon weniger. Sie lernen außerdem, den Krafteinsatz beim Greifen zu dosieren, um den Ballon nicht zum Platzen zu bringen (vor allem bei den Ballongrimassen ist dies wichtig).

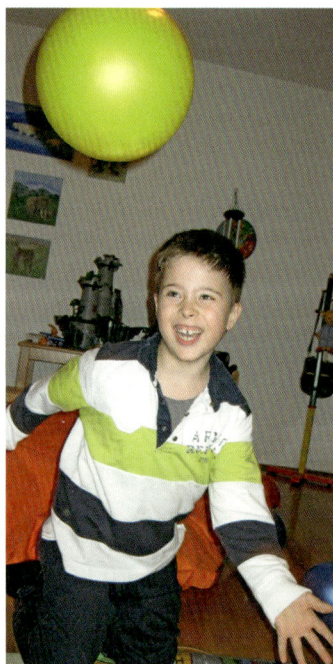

Taschenlampen Tanz

Material:	Taschenlampe, ein weicher Teppich oder eine Decke, abgedunkeltes Zimmer
Zeitaufwand:	5 Minuten
Alter:	ab 3 Jahren

Sie leuchten mit der Taschenlampe auf den Teppich und geben ein Kommando, zum Beispiel „(linker) Fuß". Das Kind soll nun das betreffende Körperteil auf den Lichtpunkt stellen und ihn dort belassen. Sie löschen das Licht und lassen es an einer anderen Stelle wieder auftauchen, wieder mit einem Kommando zum Beispiel (linke) „Hand". Das Spiel ist beendet, wenn Ihr Kind so verknotet ist, dass es das Gleichgewicht nicht mehr halten kann und mit dem Po den Boden berührt.

Sie fördern Ihr Kind mit dieser Spielidee im Bereich Grobmotorik. Es muss genau planen, wie es seinen Körper einsetzt, es muss Kraft aufbauen und spürt sein eigenes Gewicht auf einzelnen Körperteilen. Zudem trainiert es sein Gleichgewicht und lernt, verbale Aufträge umzusetzen.

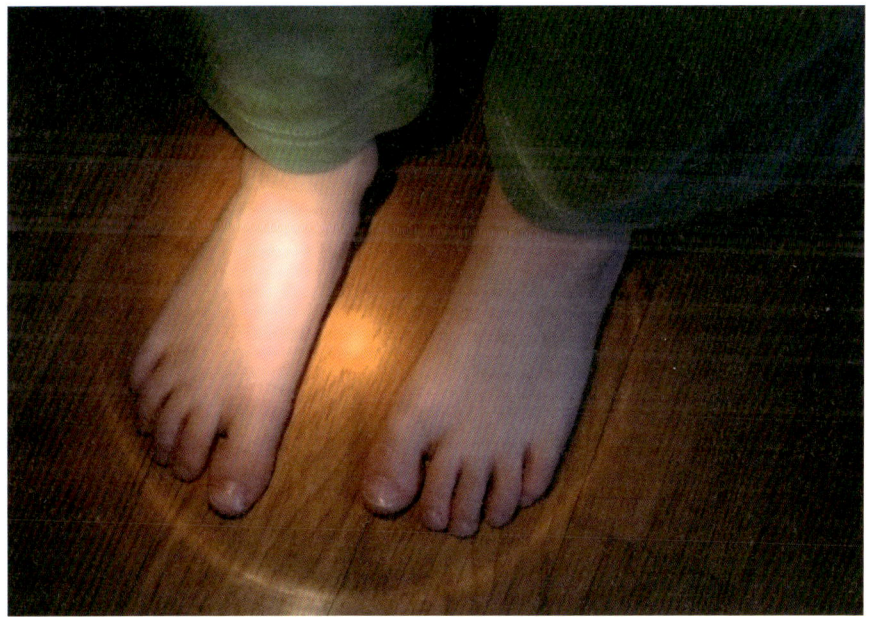

Bewegungsparcours im Wohnzimmer

Material:	alles, was Sie im Wohnzimmer haben
Zeitaufwand:	5 – 20 Minuten
Alter:	ab 3 Jahren

Bei Regenwetter lässt sich das Wohnzimmer mit wenigen Handgriffen zum Abenteuerspielplatz umbauen. Vielleicht fällt Ihnen ja eine kleine Geschichte zu den Bewegungsangeboten ein, die Kinder könnten Piraten, Forscher oder auch Katzen oder wilde Tiger sein. Natürlich bewegen sich die Kinder dann in den verschiedenen Rollen unterschiedlich: die Forscher gehen ganz aufrecht und machen sich groß (auf Zehenspitzen), um die ganze Umgebung sehen zu können. Tiger und Katzen schleichen natürlich. Aber vielleicht sind in Ihrem Wohnzimmer ja auch Elefanten, die den Parcours meistern wollen?

Hier haben wir einige mögliche Bewegungsangebote aufgelistet, die sich nach Ihren Möglichkeiten und Bedürfnissen zu einem Parcours verbinden lassen:

Wackelweg: Sofakissen und Kuscheltiere werden unter eine Decke gelegt und die Kinder gehen darüber – ganz schön wackelig! Was befindet sich links und rechts des Weges? Wasser? Eine tiefe Schlucht? Lavaströme? Fragen Sie Ihre Kinder und lassen Sie sie entscheiden.

Tunnel: Für einen Tunnel stellen Sie mindestens zwei Stühle zusammen und die Kinder kriechen durch. Wenn man eine Decke darüber legt, ist der Tunnel dunkel und die Aufgabe dadurch spannender. Ist der Tunnel unheimlich oder wird er zur Zuflucht für die Forscher oder Tiger?

Berg besteigen: Die Kinder dürfen seitlich die Couch hinaufklettern, über Decken und Sofakissen und auf der anderen Seite wieder hinunter.

Insellauf: Sofakissen mit ca. 30 bis 50 cm Abstand auslegen, Kinder müssen von Insel zu Insel steigen. Bitte nur auf einem rutschfesten Untergrund!

Flussüberquerung: Zwei Kissen sind Flusssteine; das Kind steht auf einem, bückt sich und legt den anderen neben sich, steigt auf das zweite Kissen, holt das erste nach und immer so weiter. Legen Sie einen Start- und Zielpunkt fest.

Zehen-Angler: Seidentücher oder Taschentücher werden auf dem Boden ausgelegt. Die Kinder angeln mit den Zehen und bringen die Tücher auf einem Bein hüpfend zu einem Eimer.

🔸 **Kilian:** „Ich bin ein Forscher, ich brauche eine Taschenlampe und ein Fernglas."
Benedikt: „Ich bin ein Tiger!"

ℹ️ Mit diesen Spielideen trainieren die Kinder ihre Grobmotorik. Sie schulen ihren Gleichgewichtssinn, verbessern ihre motorische Planung, lernen das Ausmaß ihrer Bewegungen abzustufen und zu differenzieren.

Spiele mit einem Seil

Material: ein Seil oder eine dicke Schnur, ca. 1,5 bis 2m lang,
evtl. ein Gymnastikball und ausreichend Platz

Zeitaufwand: je nach Spiel einige Minuten

Alter: ab 2 Jahren

Die Spiele mit einem Seil können Sie einzeln spielen oder auch mit dem Bewegungsparcours kombinieren.

Man legt ein Seil als Linie auf den Boden und sichert es in regelmäßigen Abständen mit Malerkrepp (dieses Klebeband läßt sich leicht wieder entfernen). Auf diesem Seil können die Kinder balancieren. Anfangs einfach so, dann mit einem Ball in den Händen oder einem Kissen auf dem Kopf. Die Arme ausstrecken und einen Seiltänzer nachahmen. Machen Sie es Ihren Kindern vor!

Man kann auch von der einen Seite des Seils auf die andere Seite springen. Kleine Kinder hüpfen mit einem großen Laufschritt, ältere mit geschlossenen Beinen (Achtung: sollte der Fußboden rutschig sein, müssen die Kinder gute Anti-Rutschsocken oder Schuhe tragen).

Die Kinder prellen einen Gymnastikball entlang der Linie oder versuchen, ihn an dem Seil entlang zu rollen.

An ein Ende eines losen Seils wird ein kleines Kuscheltier gebunden. Ein Erwachsener schwenkt das Seil hin und her; die Kinder versuchen das Kuscheltier zu fangen.

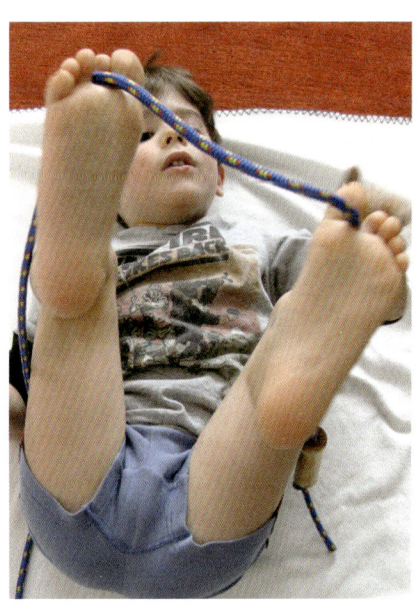

Ein Ende des Seils an einem Tischbein festbinden und das andere festhalten. Dadurch entsteht ein Hindernis, über das die Kinder steigen oder unten durch krabbeln können.

ⓘ Die Spiele mit einem Seil helfen Ihrem Kind, seine Motorik zu verbessern: je nach Übung wird das Gleichgewicht angesprochen, die Körperkoordination und die Auge-Hand-Koordination geschult und der Nachwuchs lernt, seine Bewegungen zu dosieren.

Verstecken

Material:	keines
Zeitaufwand:	5 bis 30 Minuten
Alter:	ab 2 Jahre

Schon Babys freuen sich, wenn Sie Ihr Gesicht verstecken und dann wieder auftauchen. Das ändert sich bei den größeren Kindern nur wenig. Je nach Alter der Kinder kann man die Regeln variieren. Wichtig ist, vorher den Bereich in dem gespielt wird zu begrenzen (zum Beispiel ein oder mehrere Zimmer; eine Etage; der Garten, aber nicht die Garage).

- Der Erwachsene versteckt sich, das Kind sucht.
- Das Kind versteckt sich. Anfangs suchen sich die Kinder kein echtes Versteck oder halten nur die Augen zu. Beim „Suchen" sollte man sich dennoch etwas Zeit lassen und zum Beispiel laut rufend durchs Zimmer gehen.
- Ältere oder geübte Kinder können sich schon besser verstecken, daher ist es ratsam, vorher genaue Regeln über den Spielbereich festzulegen. Die Kinder üben mit dem Suchenden das Zählen von 1 bis 10.

ℹ️ Immer, wenn Sie mit Ihrem Kind verstecken spielen, kann es seine Kognition verbessern. Die Kinder lernen, dass ein Ding nicht „verschwindet", wenn es kurzzeitig nicht zu sehen ist, sondern dass es weiter existiert, obwohl sie es nicht im Blick haben. Wenn Kinder untereinander spielen, trainieren sie ihre Ausdauer und Frustrationstoleranz. Auch die Wahrnehmung ihrer Umgebung und des eigenen Körpers verbessern die Kinder: Sie setzen sich damit auseinander, wo genug Platz ist, um hineinzukriechen, sich unterzustellen oder sich dahinter zu stellen. Helfen Sie Ihren Kindern, ihre räumliche Wahrnehmung zu verbessern, indem Sie die Verstecke beschreiben: „du sitzt unter dem Tisch" oder „du stehst hinter dem Vorhang".

Schubkarre fahren

Material:	keines
Zeitaufwand:	einige Minuten, oder auch mal eben zwischendurch
Alter:	ab 2 Jahren

Ein Erwachsener oder ein älteres Kind halten das Kind an den Unterschenkeln und es läuft auf den Händen. Sind die Arme zu schwach, kann man etwas weiter an die Oberschenkel greifen oder mit einer Hand die Unterschenkel und mit der anderen das Becken stützen. Schubkarre fahren eignet sich gut als Teil einer „Sportstunde" oder auch als regelmäßige Übung, zum Beispiel vom Badezimmer ins Kinderzimmer vor dem Schlafengehen.

Achten Sie darauf, Ihren Rücken und den Rücken Ihres Kindes zu schonen! Greifen Sie Ihr Kind niemals an den Sprunggelenken!

Schubkarre fahren ist eine sportliche Übung, die die Muskulatur der Kinder anspricht. Sie müssen Kraft aufbauen, um die Hüfte stabil zu halten und das Körpergewicht mit den Händen zu stützen. Dies regt die Muskulatur im Schulter- und Nackenbereich an. Es ist gut möglich, dass Ihr Kind anfänglich kaum Ausdauer hat und nur wenige Schritte vorwärts kommt bis seine Kräfte schwinden. Regen Sie es dennoch immer wieder zum Schubkarre fahren an; bedenken Sie, dass eine ausgeglichene Muskulatur die Voraussetzung für aufrechtes Sitzen am Tisch ist!

Überschwemmung im Wohnzimmer

Material:	Kissen, Papier
Zeitaufwand:	einige Minuten, oder auch mal eben zwischendurch
Alter:	ab 2 Jahren

Eine schöne Beschäftigung für einen Regentag:
Zur Vorbereitung sollten Sie einige Blätter Papier in kurzen Abständen auf dem Boden ausbreiten. Sollte der Fußboden rutschig sein (Holz, Fliesen oder Laminat), befestigen Sie die Blätter unbedingt mit Klebeband. Diese Blätter stellen Steine dar. Legen Sie außerdem zwei flache Kissen bereit, auf die das Kind treten darf.

Nun erzählen Sie eine Geschichte: Es hat geregnet und geregnet und schließlich steht das Wasser sogar hier im Wohnzimmer. Glücklicherweise haben wir vorher die Steine ausgelegt (also die Blätter Papier), über die wir durch das Wohnzimmer springen können. Ihr Kind darf nun durch das Wohnzimmer von einem „Stein" zum nächsten springen.

Es gibt aber auch noch eine andere Möglichkeit, den See im Wohnzimmer zu überqueren. Dazu stellt man sich auf einen anderen Stein (nämlich ein Kissen). Den zweiten schweren Stein (also das zweite Kissen) muss man nun hochheben und vor sich auf den Boden legen und darauf steigen. Dann das zweite Kissen hinter sich aufheben und vor sich wieder ablegen. Auf das nächste Kissen steigen. Dies wiederholt man, bis man auf der gegenüberliegenden Seite der Zimmers angekommen ist.

Machen Sie ein Wettrennen mit Ihrem Kind oder lassen Sie mehrere Kinder gegeneinander antreten.

ⓘ Von „Stein" zu „Stein" zu treten verbessert das Gleichgewicht Ihres Kindes. Es muss immer wieder kurzzeitig auf einem Bein stehen, Standbein und Spielbein wechseln und die Bewegung mit den Augen abstimmen, um den richtigen Punkt zu treffen (Auge-Fuß-Koordination). Wenn es die Kissen selbst versetzt, trainiert es außerdem seine Körperkoordination.

Das Spinnennetz im Zimmer

Material:	ein Knäuel Wolle
Zeitaufwand:	10 Minuten
Alter:	ab 2 Jahren

Mit der Wolle werden kreuz und quer durch ein Zimmer Fäden gespannt. Die Fäden sollten in verschiedenen Höhen gespannt werden und dürfen sich ruhig mehrmals überkreuzen.

Die Kinder dürfen sich dann durch das Zimmer bewegen, dabei sollen sie über die Fäden steigen und darunter hindurch kriechen. Vielleicht ist ja auch irgendwo ein Schatz versteckt, den man nur findet, wenn man sich vorsichtig durch das Spinnennetz bewegt? Oder Sie hängen Bildkärtchen mit Wäscheklammern an die Fäden. Interessant ist es für Kinder auch, das Spinnennetz mit einem Rollbrett zu erkunden. Dazu müssen die Fäden allerdings so hoch gespannt sein, dass die Kinder darunter durch fahren können.

Falls Sie einige Glöckchen im Haus haben, können Sie diese an den „Spinnfäden" befestigen, so dass es ein Geräusch macht, wenn das Kind den entsprechenden Wollfaden berührt.

Mit dem Spinnennetz fördern Sie die Motorik Ihres Kindes. Beim Übersteigen der Fäden muss es das Gleichgewicht halten und abschätzen, wie hoch das Bein gezogen werden muss (motorische Planung). Beim Kriechen müssen die Bewegungen von Händen und Beinen koordiniert werden. Der Körper muss dabei stets in einer Streckung bleiben, da das Kind die Fäden berühren würde, wenn es zum Beispiel den Po anhebt.

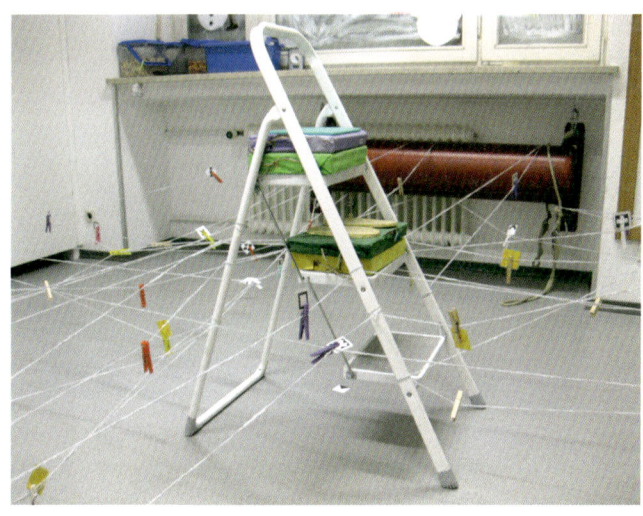

Tiere nachahmen

Material:	ein bisschen Platz
Zeitaufwand:	10 Minuten
Alter:	ab 2 Jahren

Fragen Sie die Kinder, welche Tiere sie schon kennen. Und wie bewegt sich das Tier? Die Kinder dürfen die Bewegungen vormachen, Sie sollten dabei unbedingt die Bewegungen benennen.

Einige Beispiele:
Enten watscheln, Frösche hüpfen, Pferde springen, Elefanten stampfen, Schlangen schlängeln sich, Fische schwimmen und machen dabei mit dem Mund „Blubb, blubb", Vögel können mit kleinen schnellen Flügelschlägen fliegen oder lässig in der Höhe segeln, Bären tapsen behäbig, Hasen hüpfen schnell, Spinnen steigen, und so weiter.

Benedikt: *„Ich bin eine Katze!"*

ⓘ Indem Kinder die Bewegungen verschiedener Tiere nachahmen, verbessern sie ihre motorische Planung. Ausgehend von einer gesehenen Bewegung muss das Kind seine eigenen Bewegungen planen. Dabei sind beim Hüpfen andere Bewegungsabläufe notwendig als beim Kriechen. Mal darf es die Bewegungen grob ausführen (stampfen), dann muss es sie wieder abstufen und in der eingesetzten Kraft dosieren (schlängeln). Das Imitieren der Tiere setzt zudem eine kognitive Leistung voraus: die Kinder müssen das Tier und seine ihm eigenen Eigenschaften und Bewegungsabläufe kennen.

Auto abschleppen

Material:	2 oder mehr Spielzeugautos, Klebeband, leere Papprolle, Schnur
Zeitaufwand:	5 Minuten Vorbereitung, 5 Minuten Spiel
Alter:	ab 3 Jahren

An eine Papprolle wird ein ca. 2 m langes Stück Schnur geknotet. Das andere Ende der Schnur wird mit einem Stück Klebeband unten an einem Spielzeugauto befestigt. Präparieren Sie mindestens zwei Autos auf diese Weise.

Zwei Spieler setzen sich nebeneinander und nehmen die Papprolle in die Hand, die Autos werden in einiger Entfernung aufgestellt, so dass die Schnur gespannt ist. Auf ein Kommando hin fangen die Spieler an, die Papprolle zu drehen und damit das Seil aufzuwickeln. Das Auto wird dadurch immer näher an die Kinder herangezogen. Der Spieler, der zuerst die ganze Schnur aufgewickelt hat und dessen Auto an der Papprolle angekommen ist, hat gewonnen.

Mit dem Spiel „Auto abschleppen" fördern Sie die Feinmotorik Ihres Kindes. Um das Auto zügig, aber dosiert zu sich zu bewegen, muss es die Papprolle mit beiden Händen drehen. Dazu benötigt es gut abgestimmte Fingerbewegungen, die mit beiden Händen gleichzeitig ausgeführt werden. Es lernt also, beide Hände koordiniert zusammen arbeiten zu lassen.

Da die Bewegung sich mittig vor dem Körper abspielt, regt dieses Spiel das Überkreuzen der Mittellinie an. Wenn Sie außerdem eine Straße markiert haben, muss Ihr Nachwuchs das Auto immer wieder mit den Augen fixieren, seine Position bestimmen und mit einer Bewegung darauf reagieren.

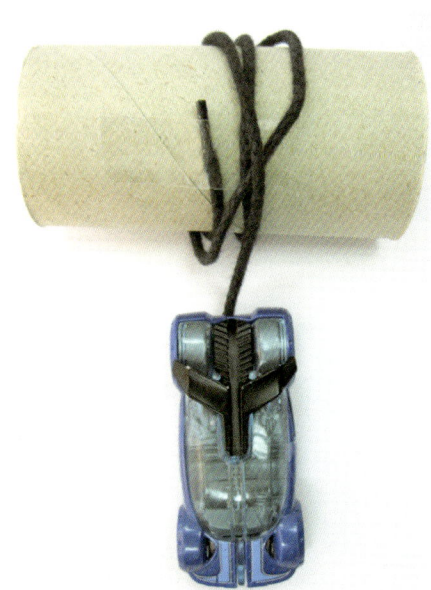

Wasserplanschen im Spülbecken

Material:	Hocker, verschiedene Plastikbecher und Schüsseln, Kinderschürze
Zeitaufwand:	15 Minuten
Alter:	ab 2 Jahren

Dieses Spiel ist gut geeignet, wenn Sie in der Küche zu tun haben und nicht oft ans Spülbecken müssen oder wenn Sie zwei Spülbecken haben.

Mit einer Kinderschürze oder einem Handtuch, das umgebunden wird, wird Ihr Kind ein wenig gegen Spritzwasser geschützt. Lassen Sie lauwarmes Wasser in das Spülbecken einlaufen und stellen Sie einen Hocker oder Stuhl vor das Becken. Das Kind sollte einen sicheren Stand haben. Mit einigen Bechern, Messbechern und Schüsseln kann das Kind nun im Wasser spielen.

Das Kind kann auch mit einer Gemüsebürste Kartoffeln waschen oder anderes Obst oder Gemüse. Seien Sie nur nicht ungeduldig, eine gründlich Reinigung aus Kinderhand kann länger dauern.

ℹ️ Das Wasserplanschen im Spülbecken trainiert die Feinmotorik und die Wahrnehmung. Die Kinder hantieren mit verschiedenen Gegenständen, berühren (vor allem, wenn auch noch Bürsten und Schwämme im Becken sind) unterschiedliche Oberflächen und machen zudem die Erfahrung, dass die Gegenstände einmal schwerer und einmal leichter sind. Beim Einfüllen von Wasser aus einem Behälter in einen anderen, schulen sie ihre Auge-Hand-Koordination und das Abstufen der Bewegungen.

Wattefußball

Material:	eine weiße Papierbahn (zum Beispiel eine Papiertischdecke), Stift, Wattebausch, Klebeband
Zeitaufwand:	10 bis 15 Minuten
Alter:	ab 3 Jahre

Eine weiße Papierbahn, die 80 – 100 cm breit ist, mit Klebeband auf einem Tisch befestigen. Zwei Spieler sollen sich gegenüberstehen können. Mit dicken Buntstiften kann man ein ganzes Fußballfeld aufmalen, mindestens aber zwei Tore, die für die Spieler deutlich zu sehen sein sollten. Aus einem Stück Watte (oder Märchenwolle) einen Ball in der Größe eines Tischtennisballs formen. Wenn Sie das Fußballspiel länger, zum Beispiel als Teil eines Kinderfestes nutzen wollen, können Sie sich die Mühe machen und aus Papier einfache Tore ausschneiden und mit Klebeband an der Tischdecke befestigen.

Die Spieler stellen sich auf gegenüberliegenden Seiten vor den Toren auf. Nun versuchen die Gegner den Watteball durch das gegenüberliegende Tor zu pusten. Die Hände dürfen nicht benutzt werden und sollen neben den Toren abgelegt werden.

Das Spiel „Wattefußball" trainiert vor allem die Mundmotorik Ihres Kindes. Beim Pusten müssen die Lippen gespitzt werden, um einen gebündelten Luftstrom entweichen zu lassen. Dabei werden die Muskeln im Mundbereich angesprochen. Diese Muskulatur zu trainieren, kann sich beispielsweise positiv auf die Aussprache auswirken.

Rangierbahnhof

Material:	nichts, eventuell zwei Gegenstände, die unterschiedliche Geräusche machen
Zeitaufwand:	10 Minuten
Alter:	ab 2 Jahren

Die Kinder dürfen sich vorstellen, sie seien Züge auf einem Rangierbahnhof. Sie, als Spielleiter, sind der Chef, der Lokführer. Vereinbaren Sie mit den Kindern zwei akustische Signale. Zum Beispiel heißt in die Hände klatschen „Vorwärts fahren" und ein Pfiff bedeutet „Rückwärts fahren". Die Kinder dürfen nun in einem vorher festgelegten Raum als Züge herumlaufen. Dann klatschen Sie als Spielleiter in die Hände und alle Kinder müssen vorwärts laufen. Als nächstes ein Pfiff, dann gehen die Kinder rückwärts. Variieren Sie die Abstände zwischen den Wechseln, um das Spiel für die Kinder spannend zu machen.

Beherrschen die Kinder das Spiel nach diesen Regeln, so können Sie weitere akustische Signale und Bewegungen einführen, zum Beispiel Fingerschnipsen und Pferdchenhüpfer, mit der Zunge schnalzen und seitlich laufen. Natürlich können Sie auch Glöckchen, Triangel und Klangstäbe benutzen. Spielen nur wenige Kinder mit, sollten Sie allerdings ruhig leise Geräusche machen, dann müssen sich die Kinder mehr konzentrieren.

Praxistipp: Wenn Sie mit Ihrem Kind einige akustische Signale eingeübt haben, können Sie das Spiel auch auf dem Weg in den Kindergarten spielen.

Diese Beschäftigung trainiert gleichzeitig die Grobmotorik, die auditive Wahrnehmung und die Kognition Ihres Nachwuchses. Die Kinder müssen auf einen gehörten, also einen auditiven Reiz achten und diesen in Bewegung umsetzen. Dazu müssen sie das Signal zunächst erkennen (auditive Aufmerksamkeit) und von den anderen in Frage kommenden Geräuschen unterscheiden (Lautdifferenzierung). Dann müssen sie sich erinnern, welche Bedeutung das Signal hat (Merkfähigkeit) und den richtigen Bewegungsablauf dazu abrufen (motorische Planung).

Roboterwelt

Material:	große braune Papiertüten, Schere, Wachsmalkreiden
Zeitaufwand:	20 Minuten
Alter:	ab 2 Jahren

Aus der Bodenfläche von Papiertüten wird ein Loch für den Kinderkopf geschnitten. Dann streift man die Roboterverkleidung einfach über und bewegt sich ruckartig wie ein Roboter. Beteiligen Sie sich mit oder ohne Verkleidung, denn das macht zusammen am meisten Spaß. Die Roboter könnten auch mal aneinander stoßen oder vor eine Wand laufen, denn sie können sich ja nicht so gut bewegen wie wir Menschen (bitte nur spielerisch, die Roboter sollen sich nicht verletzen!).

Die Papiertüten können auch noch roboterartig bemalt werden.

Praxistipp: Wenn Ihr Kind einmal besonders aufgedreht und unruhig ist, kann es helfen, ihm zu vermitteln, dass Roboter so programmiert werden, dass sie sich lautlos bewegen. Mit dieser Vorstellung fällt es vielen Kindern leichter, sich ruhig und leise zu bewegen.

Wenn sich die Kinder als Roboter durch das Zimmer bewegen, schulen sie ihre Grobmotorik. Die ruckartigen, nicht rhythmischen Bewegungen sind ganz anders als der normale Bewegungsablauf der Kinder. Sie müssen also dafür einen neuen motorischen Plan entwickeln, bewusst keinen Bewegungsfluss erzielen und die Bewegungen ganz anders abstufen.

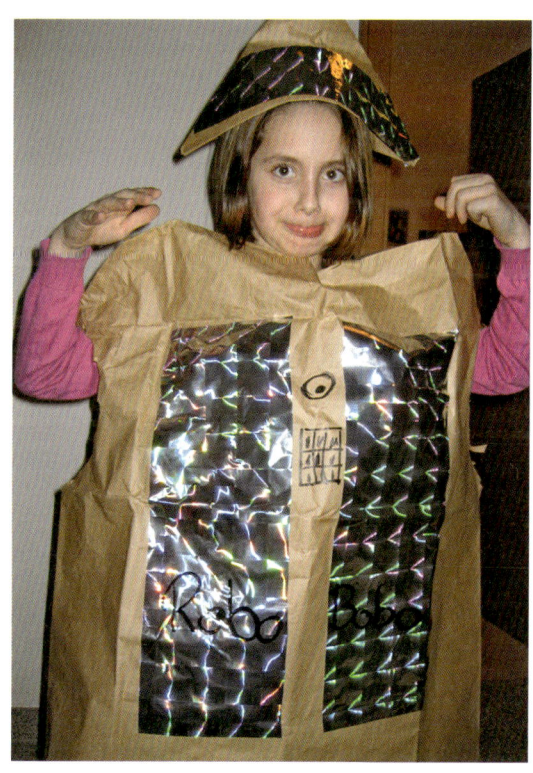

Krachmachen und Kissenschlacht

Material:	Töpfe, Schneebesen, Kochlöffel, verschiedene Kissen
Zeitaufwand:	15 Minuten
Alter:	ab 2 Jahren

Es gibt Tage, an denen Kinder einfach schlecht gelaunt und unausgelastet sind. Sie meckern und maulen und haben zu nichts Lust. Mit dieser Aktivität können Kinder (und auch Sie selbst!) mal richtig Dampf ablassen.

Wenn es Ihre Nerven und die Tageszeit zulassen, dann räumen Sie verschiedene Töpfe, Kochlöffel, Schneebesen aus der Küche und machen Sie mit den Kindern zusammen richtig Krach. Vorhandene Musikinstrumente oder die eigene Stimme sind ebenfalls erlaubt. Es soll nicht schön oder melodisch sein, Hauptsache es ist richtig laut und die Kinder können sich auch körperlich verausgaben. Beenden Sie das Spiel, sollte es Ihrem Kind zu laut sein.

Eine etwas ruhigere Variante ist es, eine Kissenschlacht zu veranstalten, am besten sammelt man dazu alle Kissen aus der Wohnung und setzt sich auf das größte Bett.

ℹ️ Beide Spielvarianten trainieren die Grobmotorik Ihres Kindes. Beim Krachmachen geht es dabei vor allem um den Einsatz beider Hände oder Füße, um die Bewegungs-Erfahrungen, die das Kind macht und um das Erlebnis, sich auszutoben und mit jeder Bewegung etwas auszulösen.

Eine Kissenschlacht ist eine gute Möglichkeit, um auch die Körpereigenwahrnehmung des Kindes zu fördern. Durch den Kontakt mit dem Kissen nimmt es sich intensiv wahr. Zudem spürt es den Widerstand, auf den das Kissen trifft, wenn es selbst damit schlägt.

Zitronenrallye

Material:	Zitronen, Bleistifte
Zeitaufwand:	10 Minuten
Alter:	ab 3 Jahren

Legen Sie mit den Kindern eine Strecke fest, zum Beispiel den Flur entlang. Die Zitrone soll mit dem Bleistift so schnell wie möglich vom Start zum Ziel getrieben werden. Da die Zitrone nicht rund ist wie ein Ball, ist das gar nicht so leicht. Zum Vergleich kann man versuchen, einen Tischtennisball zu schieben.

ℹ Mit der Zitronenrallye fördern Sie die Grobmotorik und die visuelle Wahrnehmung Ihres Kindes. Das Antreiben der Zitrone erfordert eine gute Auge-Hand-Koordination, da der Nachwuchs die Zitrone sonst mit dem Stift nicht trifft. Dazu müssen die Kinderaugen die Zitrone immer gut fixieren und jede ihrer Bewegungen verfolgen. Zudem muss das Kind seine eigen Bewegungsgeschwindigkeit an die der Zitrone anpassen, um sie nicht zu überholen oder sich abhängen zu lassen.

Flieger

Material:	keines, nur etwas Platz
Zeitaufwand:	5 bis 10 Minuten
Alter:	ab 2 Jahren

Der Erwachsene legt sich auf den Boden und winkelt die Beine an. Das Kind stellt sich vor die Knie des Erwachsenen. Dieser führt seine Knie vorsichtig an den Bauch des Kindes, greift zusätzlich die Hände und beginnt nun, die Beine zusammen mit dem Kind langsam Richtung Decke zu führen. Das Kind liegt also auf den Knien und „fliegt" über dem Erwachsenen.

Anfangs sollten Sie das Kind nicht hoch in die Luft drücken und unbedingt seine Hände halten. Wenn Sie merken, dass Ihr Kind an Sicherheit gewinnt, können Sie die Höhe steigern und das Kind auf den Fußsohlen fliegen lassen. Ganz Mutige schweben, ohne sich festzuhalten.

ℹ Mit dem Flieger Spiel fördern Sie die Grobmotorik und die Wahrnehmung Ihres Kindes. Es erfährt einen vestibulären Reiz, spürt sich allerdings gleichzeig durch den Druck Ihrer Füße auch. Das macht diese Gleichgewichtsübung für viele Kinder angenehmer. Wenn Ihr Kind auf Ihren Füßen liegt, muss es viel Körperspannung aufbauen und kleine wackelige Bewegungen ausgleichen.

Tunnel

Material:	keines
Zeitaufwand:	5 bis 10 Minuten
Alter:	ab 2 Jahren

Stellen Sie sich breitbeinig auf einen weichen Untergrund, zum Beispiel einen Teppich. Nun kann Ihr Kind unter Ihren Beinen hindurchkrabbeln. Lustig wird es, wenn ältere Geschwisterkinder mitspielen, so dass größere und kleinere Tunnels entstehen.

ℹ️ Durch Tunnels zu krabbeln, fördert die Grobmotorik Ihres Kindes. Beim Krabbeln muss es die Bewegungen von Armen und Beinen koordinieren, zudem muss es sich an die Größe des Tunnels anpassen, also vielleicht den Kopf senken oder den Po leicht Richtung Boden führen.

2. Bewegungsspiele draußen – Nur wer fällt, lernt wieder aufzustehen

Spaziergänge

<table>
<tr><td>Material:</td><td>keines</td></tr>
<tr><td>Zeitaufwand:</td><td>beliebig</td></tr>
<tr><td>Alter:</td><td>ab 2 Jahren</td></tr>
</table>

Meist sind Spaziergänge bei Kindern nicht besonders beliebt. Eine Möglichkeit, den Spaziergang interessanter zu machen, ist es, ein Ziel auszusuchen, das den Kindern besonders gefällt. Zu solchen Zielen gehören unter anderem Bahnhöfe und Gleise, Baustellen, Seen oder Teiche, alle Arten von Tieren und auch ein Wald.
Machen Sie den Ausflug besonders interessant, indem Sie eine kleine Geschichte erzählen, die das Ziel erklärt.
Eine weitere Möglichkeit ist es, etwas zu sammeln. Hier bieten sich je nach Jahreszeit Blumen, Löwenzahnstiele, Kastanien, Blätter, Stöcke oder Steine an. Besonders schön ist, die gesammelten Gegenstände zu Hause sofort oder auch später weiter zu bearbeiten.

Unterwegs in der freien Natur kann man auch versuchen, besonders auf Geräusche zu achten. Fliegt da ein Flugzeug oder fährt da ein Zug? Oder ist es doch ein Auto oder ein Lastkraftwagen? Bellt da ein Hund? Wie klingen entfernte Stimmen, Donner, Regen?

Doch nicht nur die Ohren, auch die Nase kann auf einem Spaziergang gefordert werden. Welche Gerüche gibt es im Wald, im Garten, auf einer Wiese? Riecht es beim Metzger anders als beim Bäcker oder im Obstladen? Vielleicht gibt es auch ein Fischgeschäft oder eine Schreinerei in Ihrer Nähe. Machen Sie Ihre Kinder auch beim Friseur, an der Tankstelle oder im Restaurant auf den Geruch aufmerksam.

Es gibt natürlich auch Gelegenheiten, bei denen man das Ziel des Spaziergangs Kindern einfach nicht schmackhaft machen kann. Dann hat man die Möglichkeit, den Weg an sich interessanter zu gestalten. Vielleicht kann das Kind balancieren oder „Pferdchenhüpfer" machen? Zehn Schritte seitwärts, dann die Augen schließen und bis 3 zählen aber dabei weitergehen. Lassen Sie Ihre Kinder Vorschläge machen und achten Sie nur auf die Sicherheit der Spaziergänger.

Oder Sie wenden einen dieser Sprüche zum Marschieren an:

„Eins und zwei und drei und vier und
Fünf und sechs und sieben und acht und neun und zehn.
Ein Hut, ein Stock, ein Re-gen-schirm,
vorwärts, rückwärts, seitwärts, rein.
Hacke, Spitze, hoch das Bein."

Es wird im Rhythmus des Liedes marschiert, am besten fängt man mit dem rechten Fuß an. Nach dem Wort Regenschirm bleibt man stehen und tippt dann mit dem Fuß nach vorne (vorwärts), nach hinten (rückwärts) und zur Seite (seitwärts). Dann werden die Füße nebeneinander gestellt (ran). Man stellt den Fuß auf die Ferse (Hacke), dann auf die Zehen (Spitze) und hebt das Bein hoch (Hoch das Bein).

„Linker, Rechter,
Spitzbub, Schlechter,
Hasen – Meier.
Halt."

Man fängt mit dem linken Fuß an zu marschieren, bei „Halt" bleibt man abrupt stehen, um dann sofort weiter zu gehen.

ⓘ Spazieren zu gehen verbessert an sich schon die Ausdauer Ihres Kindes und ist natürlich gesund. Wenn Sie Ihr Kind unterwegs aber auf Geräusche, Gerüche und besondere Eindrücke aufmerksam machen, fördern Sie zudem seine Wahrnehmung. Es lernt hinzusehen und hinzuhören, verbessert seine Sensibilität für Reize. Gleichzeitig lernt es so etwas über seine Umgebung und logische Zusammenhänge (beim Schreiner wird mit Holz gearbeitet, deshalb riecht es dort anders als beim Frisör). Sobald Sie Ihr Kind zum Balancieren oder zu anderen kleinen Turnübungen am Wegesrand anregen, trainiert es seine Motorik (Gleichgewicht, Koordination)

Korbball

Material:	verschiedene kleine Bälle, Korb, Eimer oder Wanne
Zeitaufwand:	20 Minuten
Alter:	ab 2 Jahre

Stellen Sie sich mit Ihrem Kind in ca. 1 m Entfernung von einem Korb oder Eimer auf. Werfen Sie, abwechselnd mit dem Kind, Bälle in den Eimer. Haben Sie verschiedene Bälle zur Hand, wird das Spiel schwieriger, da Tischtennisbälle, Softbälle und Tennisbälle unterschiedlich geworfen werden müssen.

Variante für heiße Tage: benutzen Sie Wasserbomben, das heißt, mit Wasser gefüllte Luftballons anstelle der Bälle. Ziehen Sie mit Straßenkreide eine Linie oder einen Kreis auf die Terrasse und versuchen Sie sich im Weitwurf. Besonders groß wird die Freude der Kinder, wenn die Ballons platzen und das Wasser spritzt.

Variante für Regentage:
Sie können das Spiel natürlich auch im Zimmer spielen. Noch spannender wird das Spiel, wenn Sie einen nicht mehr benötigten Karton zukleben und ein Loch hinein schneiden. Vielleicht können Sie gemeinsam mit den Kindern den Karton verzieren, so dass das große Loch in der Mitte des Kartons das Maul eines Tieres darstellt. Das ist auch eine gute Dekoration und Spielidee für Kinderfeste.

ℹ Mit dem Spiel „Korbball" verbessern Kinder ihre Motorik. Sie müssen ein Ziel anpeilen (Auge Hand Koordination) und die Bewegung in Richtung und Intensität darauf ausrichten. Wenn Sie mit unterschiedlichen Bällen spielen, ist die Anpassung der eingesetzten Kraft von besonderer Bedeutung.
Für die Kleinsten ist es bereits eine gute Übung, den Ball zu greifen und dabei zwischen dem Greifen mit beiden Händen und dem Halten in einer Hand zu variieren. Erwarten Sie nicht, dass sehr kleine Kinder ein Ziel treffen. Bedenken Sie, dass es bereits planerisches Denken erfordert, den Ball in die richtige Richtung zu werfen.

Balancespiele

Kinder lieben es, zu balancieren und ihr Körpergefühl auszutesten. Ermutigen Sie Ihr Kind dazu, auf Bordsteinen und Mauervorsprüngen zu balancieren, machen Sie damit einen langweiligen Spaziergang ein wenig spannender (Bitte nicht an viel befahrenen Straßen ausprobieren).

Im Garten oder auf dem Spielplatz kann ein Seil am Boden oder eine Bank zum Balancieren genutzt werden.

ⓘ Sobald sich Ihr Kind auf einem schmalen Untergrund bewegt, schult es sein Gleichgewicht. Es muss gezielte Ausgleichbewegungen ausführen, um die Balance halten zu können und sein vestibuläres System (Gleichgewicht) wird angeregt. Umso schmaler der Balancierpfad ist, umso mehr Körperspannung muss Ihr Kind aufbauen. Leiten Sie Ihren Nachwuchs dazu an, die Hände in die Hüften zu stemmen – so fixiert es sich selbst und wird besser balancieren können.

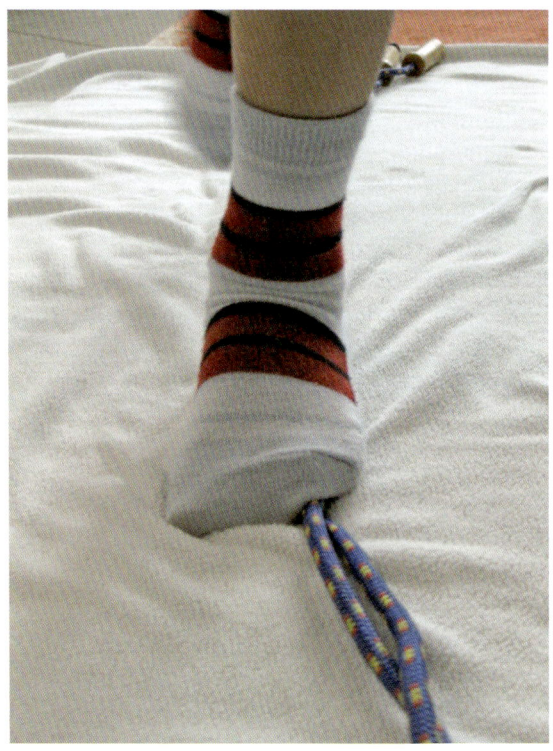

Bewegungsparcours im Garten

Material:	alles, was Sie im Garten haben; zum Beispiel Blumentöpfe, Gartenstühle und Spielgeräte wie Schaukel, Hüpfball, Becherstelzen, Hula Hopp Reifen, Bälle und ähnliches
Zeit:	je nach Motivation der Kinder 30 Minuten bis 2 Stunden
Alter:	abhängig von der Spielidee, ab 3 Jahre

Viele Kinder brauchen im Garten keine große Anleitung, um sich zu bewegen. Doch manchmal mag man eben nicht mehr Ball spielen oder im Sand buddeln. Oder Sie erwarten mehrere Kinder als Gäste. Dann können Sie, zum Beispiel als Teil eines Zirkusspiels oder Sportfests einen Bewegungsparcours aufbauen.

Mögliche Stationen für einen Bewegungsparcours:

Becherstelzen Slalom: Mit den Becherstelzen gehen die Kinder um Markierungen aus Bällen, Sandförmchen, Plastikblumentöpfen oder Ähnlichem. Bei einem Zirkusspiel könnte das der Riese übernehmen.

Sandkastenschatzsuche: Vergraben Sie Dinge und lassen Sie die Kinder danach suchen. Schwer zu finden sind: Glassteine oder kleine Knüller aus Alufolie als Silberklumpen; leichter zu finden sind: Tierfiguren oder Spielzeugautos (vorher abzählen, sonst findet man nicht alle wieder).

Hula Hopp Reifen durchsteigen: Der Reifen wird an einer Rutsche, Schaukel oder einem Baum ca. 5 cm über dem Boden aufgehängt. Die Kinder sollen den Reifen durchsteigen, nicht durchspringen! (Mit rotem Krepppapier umwickelt, wird es ein „Feuerreifen", der natürlich nicht berührt werden darf.)

Hindernisparcours: Zwei Gartenstühle werden nebeneinander gestellt und die Kinder klettern entweder darüber oder kriechen darunter hindurch. Achten Sie dabei darauf, dass die Stühle sicher stehen.

Hürdenspringen: Legen Sie Besenstiele, Äste oder ähnliches auf den Boden im Abstand von ungefähr 30 cm. Die Kinder müssen entweder im Schlusssprung (die Beine bleiben beim Springen geschlossen) oder auf einem Bein darüber springen.

Hüpfballbalancieren: Mit dem Hüpfball hüpft man an einem auf dem Boden liegenden Seil entlang.

Spiegelei in der Pfanne: Die Pfanne ist ein Softballschläger, Federball- oder Tennisschläger, auf dessen Schlagfläche ein Softball transportiert werden soll. Wer schafft es vom Start zum Ziel, ohne dass der Ball herunterfällt?

Olympische Ringe: Binden Sie zwei Hula Hopp Reifen an einer Stelle zusammen. Die Reifen werden wie ein Dreieck aufgestellt, wobei die fixierte Stelle oben ist. Die Kinder müssen ganz vorsichtig durch die Reifen und den Zwischenraum steigen.

Wippe: Ein Brett wird über einen Holzscheit (möglichst halbrund oder rund), ein Stück Regenrinne oder ähnliches gelegt. Die Kinder gehen vorsichtig über das Brett.

Ball über Rutsche: Die Kinder rollen den Ball mit Schwung die Rutsche hinauf.

Eine motivierende Geschichte, die einige Stationen zu einem Parcours vereint: Die Piraten begeben sich auf Schatzsuche: Mit kleinen Booten segeln sie um gefährliche Klippen (mit Becherstelzen um Hindernisse gehen). Am Strand haben Seeräuber eine alte Falle stehen lassen, die die Piraten durchsteigen müssen (Holla Hopp Reifen zusammengebunden). Auf der Schatzinsel gehen sie über eine wackelige Brücke (Wippe) und reiten durch den Urwald (Hüpfball auf Seil), bis sie am anderen Strand nach den Schätzen graben können (im Sandkasten nach Gegenständen graben). Wenn sie einen Schatz gefunden haben, bringen sie ihn sofort über den gleichen Weg zurück zu ihrem Piratenschiff und machen sich dann auf die Suche nach dem nächsten Schatz.

Ältere Piraten bekommen eine Schatzkarte, auf der eingezeichnet ist, wo welche Schätze versteckt sind und werden gezielt auf die Suche geschickt. (Dazu vom Sandkasten einen Plan zeichnen und ihn in Quadrate einteilen. Auf dem Plan ist zu erkennen, was wo versteckt ist. Die Kinder müssen den Plan nun auf den Sandkasten übertragen und an der richtigen Stelle suchen.)

ⓘ Mit einem Bewegungsparcours oder einzelnen Spielstationen im Garten fördern Sie ihr Kind im Bereich der Grobmotorik. Es sind Elemente wie Auge-Hand-Koordination, Gleichgewicht, Kraftaufbau und motorische Planung enthalten. Wenn Sie die einzelnen Stationen zu einem Parcours verbinden, wird Ihr Kind sich zudem die Abfolge merken müssen. Wenn die Aufgaben in eine schöne Geschichte eingebettet werden, lassen sich Kinder erfahrungsgemäß auch zu Anforderungen motivieren, die sie im freien Spiel vermeiden würden.

Schubkarre fahren

Material: eine handelsübliche Schubkarre

Zeitaufwand: wenige Minuten

Alter: ab 2 Jahren

Setzen Sie Ihr Kind in eine handelsübliche Schubkarre und fahren Sie damit durch den Garten. Im Herbst kann das Kind vielleicht im trockenen Laub sitzen oder Sie polstern die Schubkarre mit Gartenstuhlauflagen aus. Mit der Schubkarre können Sie geradeaus fahren oder in Schlangenlinien. Die Kinder haben Spaß daran, über Hindernisse zu fahren und das Holpern der Schubkarre zu spüren.

Das Fahren in der Schubkarre fördert die Wahrnehmung Ihres Nachwuchses. Die Kinder erleben einen vestibulären Reiz, dies verbessert langfristig das Gleichgewicht. Auch in der Schubkarre müssen die Kinder sich ausbalancieren, sich mal mehr und mal weniger einhalten und ihr Gewicht verlagern.

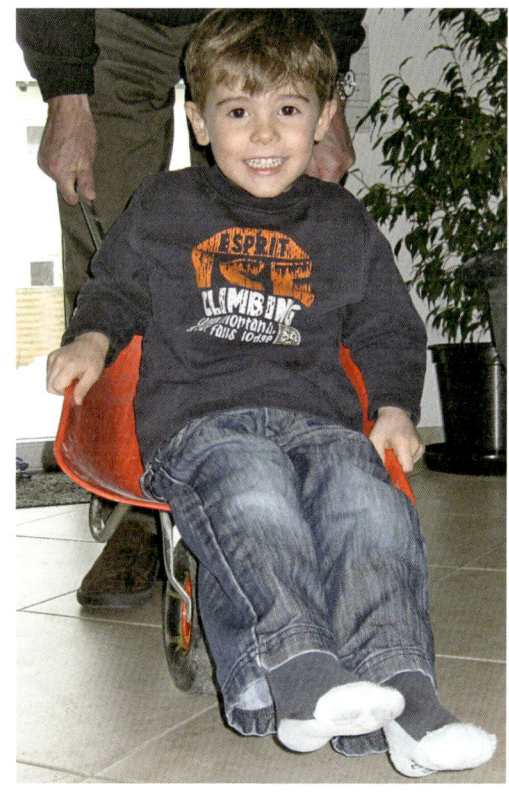

Schubkarrenparcours

Material:	eine Kinderschubkarre, Markierungen, z. B. Seil, Stöcke, Sandförmchen
Zeitaufwand:	15 Minuten
Alter:	ab 2 Jahren

Haben Sie auch eine Kinderschubkarre, die selten benutzt wird? Mit dieser kleinen Aufgabe können Sie die Kinder motivieren. Legen Sie im Garten einen Parcours fest und markieren Sie den Weg mit Springseilen, Sandförmchen, Stöcken oder ähnlichem. Einige Schlangenlinien und Kurven sollten dabei sein, vielleicht können Sie auch eine Brücke oder eine Wippe (siehe Bewegungsparcours im Garten) errichten. Die Kinder sollen nun etwas in die Schubkarre laden (zum Beispiel Sand, Blätter oder Gras) und den Weg entlang fahren, ohne etwas von der Ladung zu verlieren. Der Zielpunkt kann identisch mit dem Ausgangspunkt sein.

ⓘ Der Schubkarrenparcours fördert die Grobmotorik der Kids. Es kommen zwangsläufig beide Hände zum Einsatz. Die Bewegungen der Hände müssen dabei koordiniert werden, um die Schubkarre zu lenken. Um die Hindernisse zu umfahren, müssen die Kinder ihre Bewegungen planen und dabei nicht nur ihren eigenen Körper, sondern auch die Schubkarre an den Weg anpassen. Um keine Gegenstände aus der Schubkarre zu verlieren, ist es notwendig, diese nicht zu steil zu halten, was wiederum eine gute motorische Planung und Bewegungsdosierung erfordert. Außerdem muss dazu der Inhalt der Karre ständig mit den Augen überwacht werden, um ggf. mit einer Bewegung zu reagieren.

 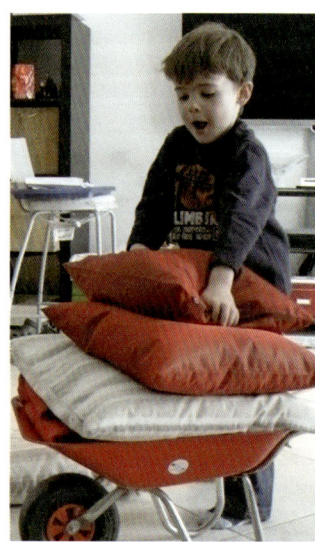

Der Riese schläft – ein Fangspiel

Material:	keines
Zeitaufwand:	15 Minuten
Alter:	ab 2 Jahren

Ein Kind oder ein Erwachsener legt oder setzt sich hin, schließt die Augen und tut so, als ob er schläft. Die Kinder gehen immer näher an den Riesen heran. Der Riese (oder ein erwachsener Spielleiter) sagt immer „Der Riese schläft, der Riese schläft" bis er glaubt, dass die Mitspieler ganz nah sind. Dann ruft er „Jetzt wacht der Riese auf!" und versucht die Kinder zu fangen. Wer gefangen wird, ist der nächste Riese.

Praxistipp: Legen Sie Spielregeln fest, wo das Spiel gespielt werden darf, am besten im Garten. Sicher ist es nicht ungefährlich, fangen in der Wohnung zu spielen, aber die Kinder haben auch bei schlechtem Wetter das Bedürfnis sich auszutoben. Wird es zu wild, schlagen Sie stattdessen vor, Verstecken zu spielen und spielen Sie mit.

Das Spiel „Der Riese schläft" fördert die Grobmotorik Ihres Kindes. Es muss sich abwechselnd schnell und langsam bewegen und verbessert beim Weglaufen seine Kraft und Ausdauer. Zudem schult es seine Reaktionsfähigkeit.

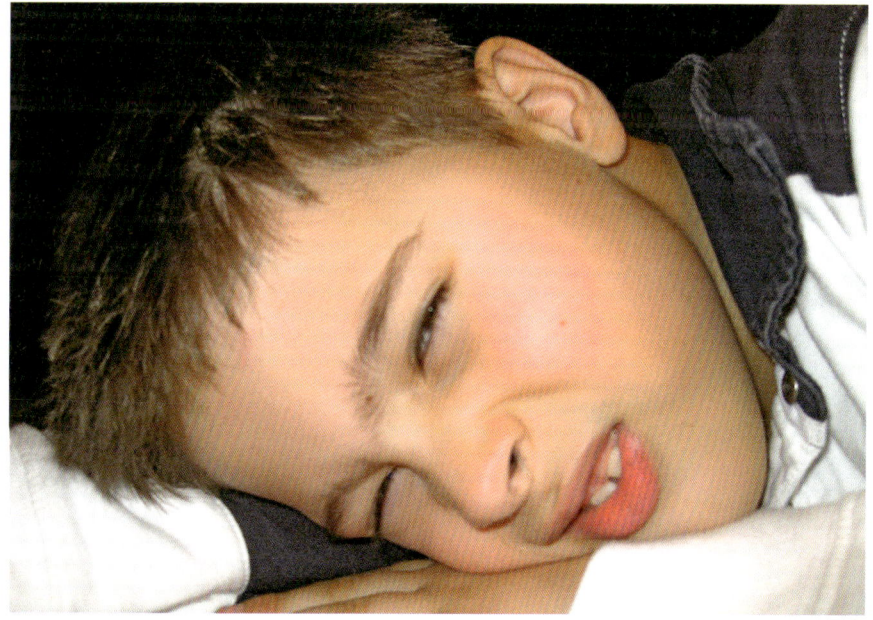

Strukturen sammeln

Material:	Papier und Wachsmalkreiden
Zeitaufwand:	30 Minuten
Alter:	ab 3 Jahren

Ein Spiel, das man gut während eines Spaziergangs in der Natur machen kann. Auf einem oder mehreren Blättern Papier werden Strukturen gesammelt. Dafür wird ein Blatt auf einen Gegenstand gelegt und mit Wachsmalkreiden darüber gemalt. Es eignen sich die Abdrücke verschiedener Baumrinden, Straßenbelag, Gulliabdeckungen, Blätter, Blumen, Holzbretter (zum Beispiel von Parkbänken) und viele andere Gegenstände.

Teilweise muss vorsichtig gemalt werden, um weder Papier noch Struktur zu zerstören.

Zuhause schaut man sich die gesammelten Blätter an und versucht sich zu erinnern, welchem Gegenstand die Struktur entspricht. Wenn Sie eine Digitalkamera dabei haben, können Sie die Gegenstände fotografieren und dann die Bilder den Abdrücken zuordnen.

ℹ Wenn die Kinder unterwegs Strukturen sammeln, trainieren sie ihre Grob- und Feinmotorik. Um an verschiedene Gegenstände heranzukommen, müssen die Kinder sich bücken, strecken oder vielleicht irgendwo hinaufklettern. Diese verschiedenen Bewegungsformen sind sehr positiv für Ihr Kind. Wenn Ihr Kind nun Strukturen überträgt, trainiert es den Umgang mit Schreibgeräten und muss den Druck, mit dem es arbeitet, sorgfältig dosieren. Dies fällt bei einer solchen Aktivität leichter, da die Strukturen dem Kind eine spürbare Rückmeldung geben.

Ein Zelt im Garten

Spannen Sie eine Schnur von ca. 2m Länge in Hüfthöhe zwischen zwei Bäumen, Zäunen, Sonnenschirmständern oder Ähnlichem und binden Sie die Enden gut fest. Legen Sie das Tuch oder die Decke darüber, so dass noch einige Zentimeter der Decke auf dem Boden aufliegen. Diesen Überstand beschweren Sie mit Steinen oder anderen schweren Gegenständen, so dass ein Windstoß Ihrem Gartenzelt nichts anhaben kann. Die Kinder können beim Bauen des Zelts helfen und haben dann eine Rückzugsmöglichkeit zum Spielen.

Praxistipp: Dieses Zelt kann man auch in kleinen Gärten oder auf Terrassen aufbauen und schnell wieder abbauen, sollte es regnen. Daher ist es bei trockenem Wetter für jede Jahreszeit geeignet.

Das Zelt im Garten trainiert die Grobmotorik der Kinder. Schon beim Aufbau schulen sie ihre motorische Planung, da sie wissen, wie das Ergebnis aussehen soll und nun ihre Bewegungen so einsetzen müssen, dass sie zu diesem Ziel gelangen. Natürlich wird in ein solches Zelt immer wieder hinein und herausgeklettert. Dabei müssen sich die Kids immer wieder klein machen und ihre Bewegungen genau abstufen, da sie selbstverständlich nirgendwo hängen bleiben und das Zelt kaputt machen wollen.

Spiele im Schnee

Material:	nichts, außer die passende Witterung: Schnee
Zeitaufwand:	20 Minuten, bis es zu kalt ist
Alter:	ab 2 Jahren

Wenn es die Witterung erlaubt, ist es für Kinder immer sehr schön, im Schnee zu spielen und meist brauchen sie keine besondere Anleitung, um sich zu amüsieren. Dennoch macht es Spaß, mit einem Erwachsenen oder anderen Kindern zu spielen.

Wenn es genug Schnee gibt, dann bauen die Kinder gerne einen Schneemann. Man rollt einen kleinen Schneeball durch den Schnee, der dabei immer größer wird. Die Kinder rollen und schieben den Ball, solange sie es können. Ein Erwachsener muss die Schneekugeln dann übereinander stapeln.

Die Kinder können aber auch aus kleinen Schneekugeln selbst kleine Schneewichtel bauen oder die Schneebälle immer höher und höher stapeln, bis der Turm umfällt.

Ein Klassiker ist auch der „Schnee-Engel": das Kind legt sich rücklings in den Schnee und bewegt nun die Beine immer wieder auseinander und die Arme seitlich auf und ab. Sobald das Kind wieder aufgestanden ist, bleibt das Abbild eines Engels im Schnee – mit Flügeln und einem Kleidchen.

Beim Spielen im Schnee schulen Kinder ihre Grob- und Feinmotorik sowie ihre Wahrnehmung. Die Kugeln eines Schneemannes müssen zu Beginn klein geformt werden, sollen dabei aber auch fest werden. Die Kinder müssen daher mit beiden Händen arbeiten und dosierte Kraft einsetzen. Sobald die Kugel im Schnee gerollt wird, muss das Kind grobmotorische Bewegungsabläufe abrufen. Anfangs muss es sich noch stark bücken, mit der Zeit kann es immer aufrechter arbeiten. Kinder spielen mit großer Begeisterung im Schnee, lassen sich in Schneehügel fallen, robben darin herum und greifen auch mal ohne Handschuhe zu: all das trainiert die Wahrnehmung, der Kältereiz wirkt zudem anregend.

3. Sehen und Beobachten – Schau mal genauer hin

Eine Sammlung anlegen

Material:	Steine, Kastanien, Stöcke, Samen, Kerne, Aufbewahrungs- möglichkeit, z. B. kleine Dosen oder Sortierkästen aus dem Baumarkt
Zeitaufwand:	laufend
Alter:	ab 3 Jahren

Die meisten Kinder sammeln irgendwelche Sachen. Einiges davon können Sie vielleicht unauffällig wieder verschwinden lassen, anderes kann für weitere Basteleien nützlich sein. Zum Beispiel kann man Stöcke und Steine bunt bemalen. Am besten eignen sich dazu Fingerfarben oder Acrylfarben. Werden die Werkstücke nach dem Trocknen noch mit farblosem glänzenden Lack gestrichen, leuchten die Farben besonders schön und verblassen nicht so rasch.

Aus Stöcken kann auch ein Mobile fürs Kinderzimmer gebastelt werden, die Steine können bemalt oder für Spiele verwendet werden. Zum Beispiel kann man 9 helle und 9 dunkle Steine für ein Mühlespiel verwenden.

Andere Sammelleidenschaften brauchen nur einen geeigneten Aufbewahrungsort. Eine ausgediente Sortierbox für Nägel bietet Platz für kleine Dinge wie Kerne verschiedenster Obstsorten. In so einer Box kann man zum Beispiel besonders gut die Unterschiede zwischen Apfel-, Melonen- und Orangenkernen betrachten.

ⓘ Beim Anlegen einer Sammlung schulen Kinder ihre Kognition und ihre visuelle Wahrnehmung. Sie vergleichen, kategorisieren und sortieren. Dazu müssen sie Ähnlichkeiten und Unterschiede wahrnehmen. Sich mit den Gegenständen zu beschäftigen und Verwendungszwecke dafür zu suchen, regt die Kreativität an.

Wasserschüttspiele

Material:	ein Tablett, mehrere Gläser und Flaschen mit verschieden großen Öffnungen, verschiedenes Fassungsvermögen, unterschiedliche Höhe, Trichter, Wasser, Lebensmittelfarbe
Zeitaufwand:	10 – 30 Minuten
Alter:	ab 3 Jahren (bei kleineren Kindern eventuell Becher aus Plastik verwenden)

Die Gläser und Flaschen auf ein Tablett stellen und teilweise mit Wasser befüllen. Das Wasser in einigen Gläsern mit Lebensmittelfarbe färben. Die Kinder dürfen durch Umschütten die Farbe mischen und immer neue Farben entstehen lassen, dabei sollte kein Tropfen auf dem Tablett verschüttet werden. Benutzen Sie nur eine oder zwei Farben. Regen Sie die Kinder dazu an, Farben zu mischen und genau zu beobachten, welche neuen Farben entstehen. Helfen Sie notfalls beim Benennen der Farben.

◉ **Praxistipp:** Man kann das Wasser auch färben, indem man Krepppapier kurz ins Wasser legt. Das ist kostengünstiger und für die Kinder auch schon faszinierend.

ⓘ Mit diesem Spiel trainieren die Kinder ihre Feinmotorik. Beim Umschütten des Wassers brauchen sie eine gute Auge-Hand-Koordination, sowie die motorische Planung, die Schütt-Bewegung zu stoppen, wenn der Wasserpegel zu sehr steigt. Da es sinnvoll ist, immer die volle und die zu befüllende Flasche festzuhalten, üben die Kinder gleichzeitig die Koordination beider Hände. Im Bereich Kognition lernt ihr Nachwuchs Gesetzmäßigkeiten der Physik (in eine schmale hohe Flasche passt mehr als in ein großes Glas) und der Farbenlehre.

Hilfe im Haushalt – Sockenmemo

Material:	frisch gewaschene Wäsche, besonders Socken
Zeitaufwand:	10 Minuten
Alter:	ab 3 Jahren

Kleine Kinder helfen gerne im Haushalt, gerade beim Wäschesortieren kann man diese Hilfe sehr gut annehmen. Machen Sie ein Spiel daraus und legen Sie die gewaschenen Socken auf einen Haufen. Wer findet die meisten Sockenpaare?

Andere Möglichkeiten ergeben sich sicher auch in Ihrem Haushalt, zum Beispiel etwas im Spülbecken waschen, Staub wischen oder den eigenen Stuhl feucht abwischen. Wenn die Kinder Äpfel oder Bananen selbst klein schneiden dürfen, schmeckt das Obst besonders gut!

Kleine Kinder haben viel Spaß daran, zu helfen, ältere weniger. Wenn Sie es schaffen, die Mithilfe im Haushalt von Anfang an einzuführen und durchzuhalten, dann ersparen Sie sich lange Diskussionen oder verringern sie wenigstens.

ⓘ Wenn Kinder im Haushalt mitmischen, ist das nicht nur eine Hilfe, sondern auch kognitives Training. Vor allem kleine Kinder setzen sich intensiv mit alltäglichen Abläufen auseinander, spielen sie nach und sind hoch motiviert, sie mit realen Dingen durchzuführen. Dabei lernen sie sequentielle Abläufe, Sorgfalt, Ausdauer und Frustrationstoleranz. Das Gefühl, dass man ihnen etwas zutraut, stärkt das Selbstbewusstsein der kleinen Helfer. Die Übernahme von Pflichten ist zudem wichtig für die Entwicklung sozialer Kompetenzen und bietet Ihrem Kind eine Struktur.

Kresse säen

Material:	Eierkarton oder flache Schale, Watte, Kressesamen, Wasser
Zeitaufwand:	10 Minuten und ein bis zwei Tage Wartezeit
Alter:	ab 2 Jahren

In einen Eierkarton oder eine flache Schale wird Watte auf den Boden gedrückt und mit etwas Wasser, wenn möglich aus einer Sprühflasche, angefeuchtet. Dann werden die Kressesamen darauf verteilt. Das Gefäß sollte dann an einem warmen, hellen Ort, zum Beispiel auf die Fensterbank gestellt werden. Die Kinder dürfen täglich die Watte feucht halten und das Wachstum kontrollieren.

➡ **Praxistipp:** Kresse eignet sich besonders gut, um kleinen Kindern zu zeigen, wie etwas wächst, denn sie keimt sehr schnell. Außerdem kann man die Kresse ernten und zum Beispiel direkt auf ein Butterbrot streuen.

ℹ Wenn Sie zusammen mit Ihren Kindern Kresse säen, geben Sie ihnen die Möglichkeit, ihre Kognition zu verbessern. Erklären Sie die Notwendigkeit von Licht und Wasser für das Wachstum. Schauen Sie regelmäßig nach und fassen Sie die Veränderungen in Worte. So verbessert Ihr Kind nebenbei auch noch seinen Wortschatz.

Farbenreaktionsspiel

Material:	ein Farbwürfel
Zeitaufwand:	ab 20 Minuten
Alter:	ab 3 Jahren

Dieses Spiel eignet sich, um die Grundfarben zu üben. Man würfelt reihum mit dem Würfel und sucht an der Kleidung der Mitspieler und in der nahen Umgebung nach der entsprechenden Farbe. Dabei sollte die gesuchte Farbe immer deutlich benannt werden.

Für Kinder, die die Farben schon kennen und auch benennen können, kann man das Spiel zu einem Wettbewerb machen. Wer als schnellster auf die gesuchte Farbe zeigt, hat gewonnen.

Sie können eingrenzen, welche Gegenstände ins Spiel mit einbezogen werden, zum Beispiel nur Kleidungsstücke oder nur bunte Luftballons.

ⓘ Das Farbenreaktionsspiel fördert die grundlegende Wahrnehmung und die Kognition Ihres Kindes. Es lernt, die Farbe auf dem Würfel einer Farbe der Umgebung zuzuordnen und sie zu erkennen, obwohl die Farben nicht komplett identisch sind (das Blau des Würfels ist vielleicht heller als das Blau der Jeans). Zudem lernen die Kinder jeder Farbe einen Farbbegriff zuzuordnen. Dadurch, dass die Farben für die Kinder in ihrer Umgebung greifbar werden (es sieht den Würfel, hört den Namen der Farbe und kann den betreffenden Gegenstand berühren) kann das Abspeichern erleichtert werden.

Schatzsuche

Material:	Steine, die Sie golden lackiert haben oder andere „Edelsteine", die Sie gesammelt oder gekauft haben
Zeitaufwand:	einige Minuten bis eine halbe Stunde
Alter:	ab 2 Jahren

Verstecken Sie die Schatzsteine entweder im Zimmer oder bei schönem Wetter auch draußen, zum Beispiel im Sandkasten. Merken Sie sich dabei die Anzahl der zu suchenden Steine.

Besonders spannend wird die Suche für die Schatzsucher, wenn Sie eine Schatzkarte vorbereiten, die den Weg weisen soll. Die Schatzkarte sollte mit drei bis vier ganz einfachen Zeichnungen den Weg weisen.

ⓘ Mit der Schatzsuche helfen Sie Ihren Kindern die Wahrnehmung zu verbessern. Die Kinder müssen ihre Umgebung mit den Augen ganz genau absuchen, lernen hinzusehen und sich nicht von anderen Dingen ablenken zu lassen. Die Konzentration liegt ganz auf den Steinen, der Hintergrund wird quasi ausgeblendet (Figur-Grund-Wahrnehmung). Das ist besonders schwer, wenn die Steine zum Beispiel auf einem bunt gemusterten Teppich oder einem Untergrund in ähnlicher Farbe liegen. Haben Sie eine Schatzkarte gestaltet, wird auch noch die Kognition angesprochen. Das Kind muss den eindimensionalen Plan auf die dreidimensionale Umgebung umsetzen und sich räumlich orientieren.

Wassermalen

Material:	trockene Straße oder Terrasse, Spritzflaschen mit Wasser, zum Beispiel leere (gut ausgespülte) Handspülmittelflaschen oder Wasserpistolen
Zeitaufwand:	10 Minuten
Alter:	ab 2 Jahren

Die leeren Spritzflaschen werden mit Wasser befüllt. Draußen kann nun auf glattem Untergrund, also Hof, Einfahrten, Terrasse, Gehweg mit dem Wasser gezeichnet werden. Drückt man leicht, kommt nur wenig Wasser, drückt man fester, kommt mehr Wasser auf einmal aus der Flasche.
Je nach Wetter ist die Haltbarkeit der Kunstwerke nur kurz, denn bei Sonnenschein und Wind sind sie schnell getrocknet und verdunstet. Dann kann wieder neu gemalt werden.

Im Winter kann man die Flaschen mit warmem Wasser befüllen und Zeichnungen in den frischen Schnee machen, die von längerer Haltbarkeit sind.

Das Malen mit Wasser fördert, ähnlich wie das Malen mit Stiften, die Feinmotorik Ihres Kindes. Auch wenn es nun natürlich größere Bewegungen ausführen wird, muss es diese doch ganz genau dosieren und ständig mit den Augen abstimmen (Auge-Hand-Koordination). Wenn Ihr Kind zum Beispiel einen Kreis spritzt und diesen mit Wasser ausmalen will, wird es sich auch bemühen, seine Bewegungen abzustufen, um nicht über den Rand hinauszukommen. Um nicht zu viel Wasser spritzen zu lassen, muss Ihr Kind den Krafteinsatz, mit dem es auf die Flasche drückt, dosieren. Da genaues Arbeiten mit einer Spritzflasche nicht möglich ist, kann Ihr Kind ohne Leistungsdruck üben und wird zudem anders motiviert sein als beim Arbeiten am Tisch. Entsteht ein besonders schönes Kunstwerk kann aber auch Frustration entstehen, wenn dieses allzu schnell wieder verschwindet.

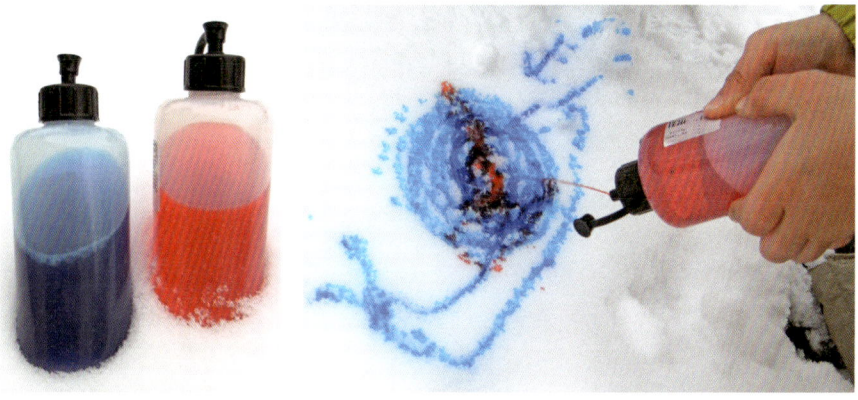

Verkleidungskiste

Material:	Eine Korb oder eine Kiste mit Verkleidungssachen, zum Beispiel alten Hüten, Schuhen, Taschen, einem alten Herrenhemd, einer Bluse oder Jacke, einem Rock, verschiedenen Tüchern, abgelegtem Schmuck oder auch mit Karnevalskostümen
Zeitaufwand:	30 Minuten
Alter:	ab 3 Jahren

Wenn Ihr Kind Spaß am verkleiden hat, bietet es sich an, eine Kiste oder einen Korb im Kinderzimmer bereitzustellen, in dem die Utensilien gelagert werden können, vielleicht ist ja auch ein Fach im Kleiderschrank dafür reserviert. Im Alter von 2 bis 3 Jahren fangen die meisten Kinder an, sich für Rollenspiele zu interessieren und verkleiden sich gerne als Mama, Papa oder Feuerwehrmann. Gerade wenn Kinder unter sich spielen sind Rollenspiele sehr wichtig, denn dabei wird Sozialverhalten, das für Erwachsene meist selbstverständlich ist, spielerisch eingeübt.

Wenn Kinder sich verkleiden, bedeutet das, sie müssen sich verschiedene Kleidungsstücke anziehen. Da diese Kleidungsstücke oft zu groß und den Kindern nicht aus dem Alltag bekannt sind, müssen sie sich besonders damit auseinandersetzen. Wie schließt man die Schnalle an diesem Gürtel? Wie komme ich in diese Bluse? Und was muss ich tun, um das Tuch wie einen Turban um den Kopf zu wickeln? Die Kinder experimentieren mit unbekannten Verschlüssen, gehen in zu großen Schuhen und setzen ihre Vorstellungen in Handlungen um. Das alles trainiert die Feinmotorik, die Grobmotorik und die Kognition. Im Rollenspiel lernen sie soziale Kompetenzen und haben die Möglichkeit, ihre gesammelten Eindrücke zu verarbeiten.

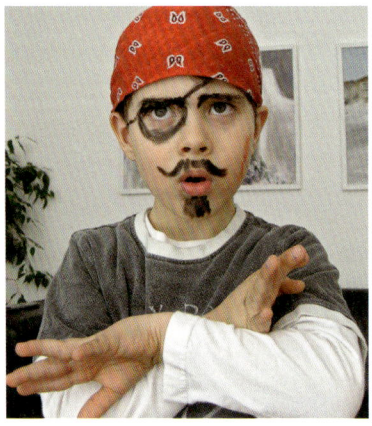 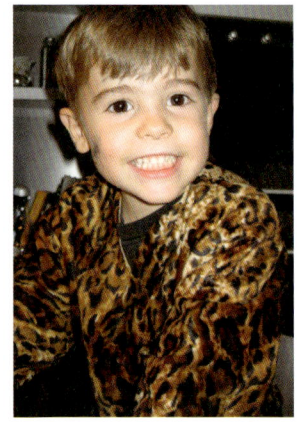

Gummibärenexperiment

Material:	Gummibären, kleine Schale mit Wasser
Zeitaufwand:	15 Minuten
Alter:	ab 2 Jahren

Einige Gummibären werden in eine Schale mit Wasser eingelegt. Danach abwarten und sehen, was mit den Gummibären passiert. Sie quellen auf und werden viel größer als zuvor.

Man kann die Gummibären immer noch essen, aber sie schmecken ein bisschen wässrig.

ⓘ Zugegeben, mit diesem Experiment können Sie die Entwicklung Ihres Kindes kaum fördern. Aber alle Kids werden staunen und Spaß an diesem Experiment haben – und Kinder zu begeistern, sie neugierig zu machen, ist die beste Grundlange, um ihnen bei ihren Entwicklungsschritten unterstützend zur Seite zu stehen!

Pappbecher Memospiel

Material:	16 undurchsichtige Plastik- oder Pappbecher, je acht mal zwei gleiche Süßigkeiten, zum Beispiel Gummibären, Bonbons, etc. oder je zwei gleiche kleine Gegenstände, wie Spielfiguren, bunte Papierkugeln,
Zeitaufwand:	10 Minuten
Alter:	ab 2 Jahren

Süßigkeiten oder andere Gegenstände werden unter den Bechern (die mit der Öffnung nach unten auf den Tisch gestellt werden) versteckt und gemischt. Dann wird nach den Regeln des Memo-Spiels gespielt, das heißt, der erste Spieler darf zwei Becher hochheben und alle sehen, was darunter liegt. Sind es zwei gleiche Gegenstände, darf der Spieler die Gegenstände behalten und die Becher werden entfernt. Die Süßigkeiten sollten mit den Mitspielern geteilt werden und dürfen sofort gegessen werden, der nächste Spieler ist dann an der Reihe. Sind zwei verschiedene Gegenstände unter den Bechern, werden die Becher wieder darüber gestellt und der nächste Spieler kann sein Glück versuchen.

Variante für Unterwegs: Ü-Ei Memo

Material:	Döschen von Überraschungseiern, kleine Gummibärchen, kleine Spielsachen
Zeitaufwand:	10 Minuten
Alter:	ab 2 Jahren

Bewahren Sie mindestens 4 Überraschungs-Eier Döschen und Tütchen mit kleinen Gummibärchen, oder kleine Spielsachen (jeweils 2 gleiche) in der Handtasche auf. Bei Wartezeiten beim Arzt, auf der Raststätte oder im Zug kann man damit ein spannendes Memo Spiel spielen.

Praxistipp: Rechnen Sie damit, dass die Kinder alle Süßigkeiten, die im Spiel sind, sofort aufessen wollen. Legen Sie also nur so viele Naschereien unter die Becher, wie Sie für richtig halten. Es sollten allerdings mindestens 8 Pappbecher sein, sonst wird das Spiel zu einfach.

Wie jedes Memo-Spiel trainiert auch dieses Spiel die Merkfähigkeit der Kinder. Durch die Möglichkeit, sich eine Süßigkeit zu erspielen, werden aber einige Kids sicher an dieser Variante motivierter teilnehmen.

Weihnachtlicher Schmuck aus Eis

Material:	leere kleine Joghurtbecher, Schnur, kleine Goldsterne, Hagebutten, andere kleine weihnachtliche Deko-Artikel, Wasser
Zeitaufwand:	5 Minuten plus 24 Stunden zum Gefrieren
Alter:	ab 2 Jahren

Die Joghurtbecher werden mit Wasser gefüllt und das Dekomaterial wird dazu gegeben. Eine Schnur zur Schlaufe formen und die Enden in den Becher hängen. Das ganze vorsichtig in den Gefrierschrank stellen und über Nacht zu Eis werden lassen. Am nächsten Tag mit etwas heißem Wasser vorsichtig aus der Form lösen und draußen aufhängen.

Der Schmuck hält nur bei winterlichen Temperaturen, wird es wärmer, sollte man den Schmuck entweder in der Tiefkühltruhe zwischenlagern oder den Kindern erklären, dass das Eis schmelzen wird.

Das Befüllen der Becher stellt keine allzu große feinmotorische Herausforderung dar und gelingt schon den Kleinen zufriedenstellend. Sie können Ihren Nachwuchs aber im kognitiven Bereich unterstützen, indem Sie besprechen, wie aus Wasser Eis wird, warum die Anhänger im Sonnenschein schmelzen oder indem Sie auf jahreszeitliche Besonderheiten Bezug nehmen und erklären, dass es gerade Winter ist und Schnee und Eis zum Winter gehören.

Kochlöffelgespenst

Material:	ein Holzkochlöffel, ein weißes Tuch (quadratisch ca. 40 x 40 cm), Bindfaden oder Haushaltsschnur, Bastel- oder Blumendraht, Kreppklebeband, Filzstift
Zeitaufwand:	einmal 5 Minuten zum Basteln, dann jeweils 10 – 15 Minuten zum Spielen
Alter:	ab 2 Jahren

Falten Sie das Tuch einmal, indem Sie eine Spitze auf die gegenüberliegende legen – ein Dreieck entsteht. Legen Sie den Kochlöffel mit dem dicken Ende nach innen zwischen den Stoff. Dann mit einem Stück Schnur den Kopf abbinden, das Gesicht ein wenig glatt zupfen. Den Kochlöffel umdrehen und den Stoff zurückklappen und den Blumendraht ein paar Mal um den Kochlöffel wickeln. Die Enden des Drahts sollen bis in die seitlichen Zipfel reichen. Die Enden umbiegen und zur Vermeidung von Verletzungen mit Kreppband umwickeln. Danach die Tuchzipfel mit Schnur am Draht befestigen. Mit Filzstiften oder Stofffarbe ein Gesicht aufmalen.

Mit dem fertigen Gespenst können Sie kleine Geschichten vorspielen, vielleicht möchten die Kinder das auch selbst tun. Mit dieser Methode können Sie auch andere Kochlöffelpuppen herstellen und richtige Theaterstücke an der Tischkante aufführen.

ⓘ Das Spielen mit derartigen Puppen regt die Kreativität und das Sprachverständnis der Kinder an. Sie lauschen der Erzählung des Gespenstes, hören Mamas Stimme und sollen dennoch nicht ihr, sondern dem Gespenst antworten. Da die Gespensterpuppen einen starken visuellen Reiz darstellen, werden die Kinder ihre Aufmerksamkeit bevorzugt drauf lenken und nicht auf Ihr Lippenbild und Ihre Mimik achten. So schulen die Kleinen ganz nebenbei ihre auditive Aufmerksamkeit.

Grimassen schneiden

Material:	4 Pappteller, Stifte, Spiegel oder Digitalkamera
Zeitaufwand:	20 Minuten
Alter:	ab 2 Jahren

Zeichnen Sie drei oder vier ganz einfache Gesichtsausdrücke auf die Pappteller. Zum Beispiel glücklich, traurig, wütend, ängstlich. Dabei kann Ihr Kind helfen oder raten, welches Gefühl das Gesicht ausdrückt. Setzen Sie sich dann gemeinsam vor einen großen Spiegel oder legen Sie eine Digitalkamera bereit. Mischen Sie die Pappteller verdeckt und drehen dann denn obersten um. Fragen Sie das Kind, um welches Gefühl es sich handelt. Dann machen Sie gemeinsam die passende Grimasse, also ein glückliches, trauriges oder wütendes Gesicht. Das Kind sollte sich dabei im Spiegel beobachten können, ist das nicht möglich, dann machen Sie ein Foto von der Grimasse und zeigen Sie Ihrem Kind das Bild.

Benedikt: *„Ich will auch eine Grimasse malen."*

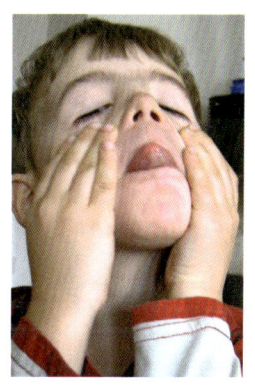

Das Spiel „Grimassen schneiden" trainiert die Kognition und die Feinmotorik Ihres Kindes. Zunächst muss es in der Lage sein, an Hand der Bilder zu erkennen, welche Emotionen gemeint sind. Helfen Sie ihm ggf., indem Sie Situationen beschreiben, in denen sich das Kind ähnlich fühlen würde oder lassen sie das Kind solche Situationen beschreiben. Wenn das Kind das Gefühl erkannt hat, muss es den Gesichtsausdruck nachahmen, also gezielt die Muskeln ansteuern, die dazu notwendig sind.

Postkartenpuzzle

Material:	Postkarten, Schere
Zeitaufwand:	10 Minuten
Alter:	ab 3 Jahren

Schneiden Sie einige Postkarten gerade oder schräg in der Mitte einmal durch. Mischen Sie die Teile der Karten und lassen Sie die Kinder die Postkarten wieder zusammensetzen.

Sie können die Schnitte variieren und versuchen, auch richtige Puzzleverbindungen zu schneiden. Diese sollten Sie auf der Rückseite der Postkarte vorzeichnen.

Praxistipp: In größeren Städten gibt es in Cafes, Bars und Restaurants oft Gratispostkarten. Sollten Sie mehrere Karten mit dem gleichen Motiv haben, können Sie mehrere verschiedene Schnitte machen oder je eine Karte als Lösung bereit halten.

Wenn Sie mit Ihren Kindern ein Postkartenpuzzle anfertigen, fördern Sie ihre visuelle Wahrnehmung. Die Kinder müssen sich die Motive genau ansehen, können aber zunächst kein ganzes, sinnvolles Bild erkennen. Sie müssen sich also, ausgehend von einer Hälfte, den Rest vorstellen (Gestalt Schluss) und das passende Gegenstück suchen. Dabei kann es möglich sein, dass die andere Hälfte schräg liegt oder auf dem Kopf steht. Die Kinder müssen also erkennen, dass das passende Gegenstück das Motiv auch dann zeigt, wenn die Perspektive anders ist (Formkonstanz).

4. Hören und Zuhören – Musik in meinen Ohren

Wecker verstecken

Material:	ein laut tickender Wecker oder ein Kurzzeitwecker
Zeitaufwand:	5 Minuten
Alter:	ab 4 Jahren

Stellen Sie den Wecker (anfangs auf eine ausreichend große Zeitspanne, ca. 5 Minuten) und verstecken Sie ihn in einem Zimmer. Das Versteck sollte zwar nicht zu offensichtlich, anfangs aber auch nicht zu schwierig sein. Bitten Sie Ihr Kind nun zunächst, ganz still zu sein, bis es das Ticken des Weckers hört. Anschließend soll es den Wecker suchen und sich dabei nur auf das Ticken konzentrieren. Mit ein bisschen Übung wird es Ihrem Kind zunehmend leichter fallen, das Geräusch zu orten und den Wecker zu finden.

Um die Aufgabe zu erschweren, können Sie für den Wecker ein schwierigeres Versteck finden (Schranktüren oder Kissen dämpfen das Ticken). Sie können das Spiel aber auch in einem abgedunkelten Zimmer spielen – wenn Sie sicher sind, dass sich Ihr Kind nirgends stoßen und stürzen kann! Nutzen Sie einen Kurzzeitwecker, um Wettkampfcharakter aufzubauen: Ihr Kind soll den Wecker finden, bevor er klingelt. Natürlich sollten Sie auch Ihrem Kind einmal die Möglichkeit geben, den Wecker zu verstecken. So hat es mehr Freude am Spiel – und Sie werden vielleicht erkennen, dass es gar nicht so leicht ist, sich nur auf das Gehör zu verlassen.

Dieses Spiel fördert die auditive Wahrnehmung im Bereich Richtungshören. Ihr Kind lernt, sich auf einen gehörten Reiz zu konzentrieren und diesen ohne visuelle Kontrolle zu orten, das heißt, seine exakte räumliche Lage festzustellen. Dies ist im Alltag wichtig, um Gefahrenquellen zu erkennen (zum Beispiel im Straßenverkehr oder bei Gruppenspielen) und im Schulalltag ausschlaggebend, um die Stimme des Lehrers zu verfolgen.

Spiele in der Badewanne

Material:	Seifenstück, Badewannenspielzeug, kleiner Ball, Wasser
Zeitaufwand:	5 Minuten
Alter:	ab 2 Jahren

Wenn Ihr Kind in der Badewanne sitzt, soll es kurz die Augen schließen. Dann wird ein Gegenstand aus ca. 30-50cm Höhe ins Wasser fallen gelassen. Klingt die Seife anders als das Spielzeugboot oder das Spritztier? Schütten Sie einmal viel Wasser aus einem Becher in die Wanne, als nächstes nur wenige Tropfen.

Das Kind legt sich in die Badewanne, so dass die Ohren unter Wasser sind. Man kann nicht mehr hören, was im Badezimmer gesprochen wird und die eigene Stimme klingt ganz anders als sonst. Auch wenn jemand im Wasser planscht, oder ein Wasserhahn läuft, hört sich das ganz anders an als sonst.

Pustet man mit einem Strohhalm ins Wasser, macht das nicht nur lustige Blubbergeräusche, es entsteht auch neuer Schaum.
Mit einem kleinen Becher kann man Luft einfangen und unter Wasser wieder frei lassen. Dazu dreht man den Becher mit der Öffnung nach unten und drückt ihn dann unter Wasser. Kippt man den Becher, dann kann die eingeschlossene Luft in einer großen Blase nach oben entweichen.

Praxistipp: Lassen Sie vor dem Spielen einige Gegenstände probeweise ins Wasser fallen, um festzustellen, bei welchen man einen Unterschied hören kann. Boote und Gummienten klingen sehr ähnlich, aber mit einer Zahnbürste, der Shampooflasche und dem Waschlappen lassen sich durchaus unterschiedliche Geräusche erzeugen.

Hiermit trainieren Sie die auditive Wahrnehmung Ihres Kindes. Es lernt, sich auf ein Geräusch zu konzentrieren und es von anderen Geräuschen zu differenzieren. Dies ist beispielsweise für den Schulalltag wichtig, wenn der Laut „B" von einem „P" unterschieden werden soll.

Einfache Rasseln

Material:	Plastikbecher, Reis, Nudeln, Bohnen, etc, Backpapier, Gummiband
Zeitaufwand:	5 Minuten pro Rassel
Alter:	ab 3 Jahren

Füllen Sie einige Teelöffel voll Reis, kleinen Nudeln oder Bohnen in einen Plastikbecher. Schneiden Sie Kreise aus Backpapier aus, die ca. 2 cm größer als der obere Rand des Plastikbechers sein sollten. Legen Sie die Backpapierkreise über die Öffnung des Bechers und fixieren Sie sie mit Gummiringen. Die verschiedenen Inhalte erzeugen unterschiedliche Geräusche, wenn man die fertigen Rasseln schüttelt.

Wenn Sie von jeder Rassel-Sorte 2 Exemplare anfertigen, dann entsteht ein Geräusche-Memo. Schütteln sie eine Rassel und Ihr Kind soll aus den übrigen Rasseln diejenige herausfinden, die gleich klingt.

Nutzen Sie die Rasseln als Musikinstrument, begleiten Sie Kinderlieder oder den eigenen Gesang mit den Instrumenten.

Suchen Sie Assoziationen zu den Geräuschen: klingt etwas wie Regen? Erinnert ein Geräusch an Meeresrauschen?

Praxistipp: Sollten Sie kein Backpapier vorrätig haben, können Sie auch zwei gleiche Becher mit Klebeband Öffnung an Öffnung kleben.

Mit den Rasseln können Sie die auditive Wahrnehmung Ihres Kindes fördern. Besprechen Sie dazu die unterschiedlichen Klangqualitäten: gibt es hohe und tiefe Töne? Klingen die Rasseln anders, wenn mehr Material eingefüllt wird? Bei einem Geräusch-Memospiel sind akustische Differenzierung und Merkfähigkeit gefragt.

Zupfinstrumente

Material:	Gummiringe, flache Schachteln in verschiedenen Größen
Zeitaufwand:	5 bis 10 Minuten
Alter:	ab 3 Jahren

Ziehen Sie über die schmale Seite einer flachen Schachtel Gummibänder. Benutzen Sie verschieden große Schachteln und verschieden breite und große Gummibänder.

Das Kind darf nun mit dem Finger über die Gummiband-Saiten streichen und sie zupfen. Klingen die Schachteln unterschiedlich? Was passiert, wenn man die Schachtel umdreht und auf der Rückseite zupft?

ⓘ Wie alle Instrumente, helfen auch selbst gebastelte Zupfinstrumente Ihrem Kind, seine auditive Wahrnehmung zu schulen. Es lernt, sich auf ein akustisches Ereignis zu konzentrieren (was ihm leichter fällt, wenn es von ihm selbst erzeugt wird) und es bezüglich seiner Qualität einzuordnen. Helfen Sie Ihrem Kind laut und leise oder hoch und tief zu unterscheiden, indem Sie die Klänge benennen.

Geräusche-Kette

Material:	keines
Zeitaufwand:	5 bis 10 Minuten
Alter:	ab 3 Jahren

Machen Sie Ihrem Kind ein Geräusch vor, zum Beispiel in die Hände klatschen, mit den Füßen stampfen etc. Bitten Sie nun Ihr Kind, dieses Geräusch nachzumachen. Wenn dies sicher funktioniert, fügen Sie ein zweites Geräusch hinzu (klatschen und dann stampfen). Jetzt soll das Kind beide Geräusche nachmachen. Ihrem Kind fallen sicher bald eigene Geräusche ein, die es der Kette anhängen kann.
Schwieriger wird es, wenn Sie zudem auf die Anzahl der Laute achten, also zweimal klatschen, einmal stampfen, dreimal auf den Tisch klopfen.

ⓘ Mit der Geräusch-Kette fördern Sie die auditive Wahrnehmung und auditive Merkfähigkeit Ihres Kindes. Es hört die Geräusche, verbindet sie mit einer Bewegung und muss die Reihenfolge der Geräusche abspeichern.

Geräusche-Detektiv

Material:	ein Diktiergerät oder Mobiltelefon mit Aufnahmefunktion
Zeitaufwand:	etwas Vorbereitungszeit, 10 Minuten Spielzeit
Alter:	ab 2 Jahren

Achten Sie einmal ganz bewusst auf die Geräusche, die im Alltag täglich zu hören sind: laufende Wasserhähne, Türklingel, Telefonläuten, der bellende Nachbarshund, Staubsauger und viele mehr. Nehmen Sie mit einem Diktiergerät (viele Mobiltelefone verfügen über eine Aufnahmefunktion) verschiedene dieser Alltagsgeräusche auf und hören Sie sie sich mit Ihrem Kind zusammen an. Achten Sie dabei zunächst darauf, eindeutige Geräusche auszuwählen. Kann es alle Geräusche wieder erkennen?

↪ **Praxistipp:** Wenn Sie die Geräusche mit dem Mobiltelefon aufgezeichnet und gespeichert haben, können Sie das Spiel wiederholen, wenn es einmal Wartezeiten zu überbrücken gilt.

ⓘ Tritt Ihr Kind als Geräusche-Detektiv in Aktion, so schult es seine auditive Wahrnehmung. Es hört die Geräusche nur aus dem Lautsprecher und kann sie nicht mit einem visuellen Reiz verknüpfen. Dadurch muss es sich noch mehr auf das Gehörte konzentrieren.

Wassermusik

Material:	verschiedene Gläser und Flaschen, Löffel, Wasser
Zeitaufwand:	10 bis 15 Minuten
Alter:	ab 3 Jahren

Füllen Sie die Gläser und Flaschen mit Wasser, der Wasserstand sollte dabei in jedem Glas unterschiedlich sein. Nun darf Ihr Kind mit diesen „Instrumenten" Musik machen. Die Gläser haben einen unterschiedlichen Klang, wenn sie mit einem Löffel angeschlagen werden. Man kann auch mit dem Finger über den Glasrand kreisen und so Töne erzeugen. Oder führen Sie Ihrem Kind vor, was passiert, wenn man leicht über die Öffnung einer Flasche bläst.

🢂 **Praxistipp:** Für die Spiele Wassermusik und Wasserschütt-Spiel benötigen Sie das gleiche Material. Die Spiele lassen sich gut kombinieren. (siehe Seite 52)

ℹ️ Indem Sie Ihr Kind mit Wassergläsern Töne erzeugen lassen, fördern Sie seine Auseinandersetzung mit Klängen und somit seine auditive Wahrnehmung. Ihr Kind wird im freien Spiel selbst erkennen, dass die Töne einen unterschiedlichen Klang haben. Unterstützen Sie es, indem Sie dies aussprechen und auf die Zusammenhänge hinweisen (wie klingt der Ton, wenn viel Wasser im Gefäß ist? Was passiert, wenn wir etwas Wasser wegschütten?) Vielleicht hat Ihr Kind einen Lieblings-Ton?

5. Schmecken und Riechen – Der Duft der großen Welt

Stockbrot

Material:	400 g Mehl, 300 ml warmes Wasser, 1 Päckchen Trockenhefe, 1 Löffel Zucker, 1 große Prise Salz, 2 Löffel Olivenöl, Gewürze (getrocknete Tomaten, Oliven, Schinkenwürfel etc.) nach Belieben, Äste (Hasel- oder Weidenstecken), Lagerfeuer oder offener Grill
Zeitaufwand:	20 Minuten für Teigzubereitung, Ruhezeit für den Teig mindestens eine Stunde, ca. 20 Minuten fürs Backen eines Brotes
Alter:	ab 3 Jahren unter Aufsicht eines Erwachsenen

Aus Hefe, etwas Mehl und Wasser einen Vorteig herstellen. Nach 15 Minuten die restlichen Zutaten zufügen und zu einem gut formbaren Teig verarbeiten. Sollte der Teig noch sehr dünn sein, Mehl dazu geben und zum Schluss den Teig ca. eine Stunde gehen lassen. Aus einem kleinen Teigklumpen eine Rolle formen und diese wie eine Schlage um die Stockspitze wickeln. Dann über die Glut halten und nicht vergessen zu drehen.

Der Teig darf nicht zu nah an das Feuer, oder gar in die Flammen geraten, sonst verbrennt er. Mindestens 20 cm Abstand halten! Abhängig von der Hitze des Feuers ist das Stockbrot nach 5-20 Minuten fertig gebacken. Es lässt sich dann leicht vom Stock ziehen. Sie können den Teig auch in Form von Kugeln auf den Stock spießen und das Loch später mit Marmelade füllen – die süße Variante.

Feuer übt auf Kinder (und Erwachsene) eine natürliche Anziehungskraft aus: es ist gleichermaßen faszinierend und gefährlich. Wenn Sie Ihren Kindern also die Möglichkeit geben, ein Stockbrot über offenem Feuer zu backen, werden sie eine hohe Motivation mitbringen, konzentriert und ausdauernd zu arbeiten. Am Stockbrot selbst können die Kinder überprüfen, wie konzentriert sie bei der Sache sind: die Stockspitze darf nicht verbrennen, das Brot nicht nur auf einer Seite braun werden, der Teig nicht in die Flammen geraten. Die Kinder tragen Verantwortung und bekommen ganz konkretes „Feedback".
Wenn Sie Ihren Nachwuchs schon an den Vorbereitungen beteiligen, fördern Sie beim Kneten die taktile Wahrnehmung und den Kraftaufbau im Hand- und Fingerbereich.

Getrocknete Apfelringe

Material:	Äpfel, Schälmesser und Kernhausausstecher, Backpapier, Grillrost
Zeitaufwand:	15 Minuten plus Zeit zum Trocknen
Alter:	ab 2 Jahren

Die Äpfel werden geschält und vom Kernhaus befreit (das sollte ein Erwachsener übernehmen). Mit einem längeren Messer kann man nun zusammen mit dem Kind den Apfel in ca. 0,5cm dicke Scheiben schneiden. Die Äpfel werden nun entweder auf eine Haushaltsschnur aufgefädelt und zum Trocknen an einen warmen und trockenen Ort gehängt oder auf Backpapier auf dem Grillrost im Backofen bei 100 Grad C getrocknet. Dabei kann es notwendig sein, den Backofen zwischendurch zu öffnen, um die entstehende Feuchtigkeit entweichen zu lassen.

Werden die fertigen Äpfel gekostet, sollten Sie zum Vergleich einen frischen Apfel bereitstellen und mit den Kindern zusammen die geschmacklichen Unterschiede zwischen den Äpfeln besprechen.

ⓘ Die Herstellung der Apfelringe ist eine ganz alltagsnahe Tätigkeit, bei der es den Kleinen große Freude bereitet, eingebunden zu sein und selbst mithelfen zu dürfen. Wenn Sie zusammen mit Ihrem Kind den Apfel schneiden, dann achten Sie darauf, dass es nicht nur die Hand mit dem Messer auf der Arbeitsfläche hat, sondern auch die andere Hand zum Halten (ggf. nur des Brettchens) einsetzt. So trainiert es ganz nebenbei den koordinierten Einsatz beider Hände, der zum Beispiel beim Schneiden mit der Schere oder beim Malen (die Haltehand

fixiert das Papier) so wichtig ist. Wenn Sie die getrockneten Apfelringe mit einem frischen Apfel vergleichen, dann wird Ihr Kind geschmackliche Unterschiede und Unterschiede in der Konsistenz feststellen. Gerade diese Differenz regt die Wahrnehmung besonders an.

Popcorn

Material:	100g Maiskörner (Popcorn), 3-4 EL neutrales Öl, zum Bestreuen etwas Puderzucker oder Salz, evtl. auch 3 EL Honig und 1 EL Butter, Topf oder Pfanne mit Deckel
Zeitaufwand:	ca. 20 Minuten
Alter:	ab 2 Jahren

Das Öl bei großer Hitze erhitzen und die Maiskörner hineinschütten. Der Topf oder die Pfanne muss so groß sein, dass der Boden gerade mit Maiskörnern bedeckt ist. Den Deckel auflegen und die Hitze reduzieren. Schon bald beginnt das Popcorn aufzugehen. Den Topf hin und her bewegen, bis das Poppen aufhört. Das Popcorn mit Puderzucker oder Salz bestreuen. Oder Honig und Butter unter Rühren erhitzen und das Popcorn damit übergießen und umrühren. Ergibt: 4 Portionen.

Die eigene Herstellung von Popcorn ist für Kinder faszinierend und fördert sie in verschiedenen Wahrnehmungsbereichen: sie können sehen (visuell), wie sich aus kleinen, festen gelben Körnern weiße Popcorn-Kugeln entwickeln und können beobachten, wie diese in der Pfanne herumspringen. Sie hören (auditiv) das Poppen, das leise beginnt und zwischenzeitlich, wenn die meisten Körner aufgehen, lauter wird. Sie schmecken (gustatorisch) das fertige Popcorn – vielleicht teilen Sie die Menge und stellen für sich gesalzenes und für die Kinder süßes Popcorn her, dann schmeckt das gemeinsam entstandene Popcorn sogar unterschiedlich. Gerade weil der Vorgang so faszinierend ist, ist der Nachwuchs konzentriert bei der Sache und wartet geduldig auf das erste und das letzte „pop".

Duftmemospiel

Material:	8 kleine Teedosen mit Deckel, 4 verschiedene frische oder getrocknete duftende Kräuter, oder Alltagsgerüche, wie Kaffee, Käse, Spülmittel, Blumenerde etc. Sollten Sie Duftöle im Haus haben, können Sie davon ein wenig jeweils auf einen Wattebausch tropfen.
Zeitaufwand:	15 Minuten
Alter:	ab 3 Jahren

Füllen Sie in je zwei der verschließbaren Dosen gleiche Duftproben. Mit geschlossenen Augen sollen nun die Kinder an den Dosen riechen und erraten, in welchen Dosen die gleichen Düfte sind.

ⓘ Das Duftmemospiel fördert die Wahrnehmung von Gerüchen und feinen Geruchsnuancen. Die Kinder lernen differenziert wahrzunehmen, sich auf Unterschiede und Ähnlichkeiten zu konzentrieren und diese Informationen abzuspeichern, damit sie bei Gelegenheit untereinander abgeglichen werden können.

Geschmacks-Kimspiele

Material:	kleine Obststücke, Gummibärchen, Gemüsesticks, gefrorene Beeren oder Kirschen, Apfelringe, kleine Stücke Wurst oder Käse
Zeitaufwand:	15 Minuten
Alter:	Ab 2 Jahren

Bei diesem Spiel schließen die Kinder die Augen und öffnen den Mund. Legen Sie kleine Kostproben auf die Zunge. Die Kinder sollen erraten, was sie gerade essen. Spannender wird es, wenn Sie die Obststücke in einer verschlossenen Plastikbox aufbewahren. Für kleinere Kinder sollten Sie das Obst auf einen Teller legen und die Namen der Obst- und Gemüsesorten gemeinsam besprechen. Gefrorene Früchte erzeugen nicht nur durch den zusätzlichen Reiz der Kälte eine Überraschung auf der Zunge, sondern sind auch ein beliebter, gesunder Snack an heißen Tagen.

Praxistipp: Machen Sie das Experiment in einem abgedunkelten Raum: durch das Dämmerlicht haben die Kinder zum einen weniger Möglichkeit zu sehen, was sie essen, zum anderen wird der Geschmackssinn deutlicher wahrgenommen, wenn ein konkurrierender Sinn (die Augen) ausgeschalten wird!

Das Geschmacks-Kimspiel fördert die gustatorische Wahrnehmung der Kinder. Sie unterscheiden Geschmacksnuancen, konzentrieren sich auf unterschiedliche Geschmackserlebnisse und gleichen sie mit Bekanntem ab. Bieten Sie dazu ruhig abwechslungsreiche Geschmacksstoffe an: ein süßes Stück Schokolade, ein deftiges Stück Wurst, eine kalte Beere, ein würziges Stück Käse. Wenn die Kinder nicht sehen, was sie im Mund haben, wird zudem die Konsistenz der Speise zum Erlebnis: auf einem Stück Paprika kauen die Kinder plötzlich ganz intensiv, während ein Löffel Schokopudding zum Abenteuer wird.

Süßer Tee

Material:	4 Gläser oder Becher mit Tee, ein Löffel und etwas Zucker oder Honig, Zitrone oder Orangensaft
Zeitaufwand:	30 Minuten
Alter:	ab 3 Jahren

Bereiten Sie 4 Becher mit Tee vor. Ein Becher bleibt ungesüßt, in den zweiten Becher geben Sie einen Löffel Zucker (oder Honig), in den dritten zwei Löffel Zucker und in den vierten drei Löffel Zucker.
Die Kinder dürfen nun den Tee probieren und sollen raten, in welcher Tasse viel und in welcher wenig Zucker ist. Welcher Tee schmeckt am besten?

Geben Sie dann in einen der Becher ein wenig Zitrone oder Orangensaft dazu und lassen Sie die Kinder erneut den Geschmack testen. Was hat sich verändert?

➡ **Praxistipp:** Wenn alle Becher gleich aussehen, können die Kinder schon bei der Vorbereitung dieses Experiments helfen.

ℹ Dieses Schmeck-Spiel fördert die gustatorische Wahrnehmung. Es zielt auf eine einzelne Geschmacksqualität ab, deshalb können sich die Kinder intensiv darauf konzentrieren. Es ist allerdings möglich, dass Ihr Kind die Abstufung von süß zu süßer noch nicht richtig wahrnehmen kann. Experimentieren Sie dann zunächst mit deutlicheren Unterschieden, zum Beispiel mit der Zitrone.

Orangen mit Nelken

Material:	Orangen oder Mandarinen, Gewürznelken, Nagel oder Stricknadel
Zeitaufwand:	20 Minuten
Alter:	ab 3 Jahren

In die Schale der Orange werden viele Nelken gesteckt. Wenn man die Orangen trocken und warm aufbewahrt, verströmen sie während der Vorweihnachtszeit einen angenehmen Duft. Wenn man die Löcher für die Nelken mit einem Nagel oder einer Stricknadel vorbohrt, fällt es den Kindern leichter, die Nelken einzustecken.

Die Nelkenorangen werden zu einem schönen Geschenk, wenn Sie mit den Löchern bereits ein Muster vorgeben, das die Kinder nur noch mit Nelken nach stechen müssen.

Praxistipp: Diese Tätigkeit ist recht ruhig und erfordert ein wenig Ausdauer. Erzählen Sie doch nebenbei eine schöne Weihnachtsgeschichte oder hören Sie sich ein besonderes Hörspiel an.

Orangen mit Nelken zu verzieren, ist eine feinmotorische Übung. Sind keine Löcher vorgegeben, so müssen die Nelken fest, aber vorsichtig gehalten und mit hohem Andruck in die Orangenschale gesteckt werden. Dies erfordert Kraft, die Fähigkeit den Pinzettengriff einzusetzen und eine gute Auge-Hand-Koordination. Sind die Löcher bereits vorgegeben, ist der Kraftaufwand deutlich reduziert, allerdings müssen die Kinder sorgfältig vorgehen, um die richtigen Stellen zu treffen (Auge-Hand-Koordination). Es wird den Kindern dann möglich sein, mit größerer Ausdauer an dieser Beschäftigung teilzunehmen.

Bratäpfel

Material:	Äpfel, Johannisbeergelee, Butter, Zucker,
Zeitaufwand:	ca. 40 Minuten
Alter:	ab 3 Jahren

Die Kinder waschen zunächst die Äpfel gründlich. Bei der Entfernung des Kernhauses sollte ein Erwachsener helfen. Eine flache Auflaufform wird mit Butter eingepinselt, dann setzt man die Äpfel hinein und füllt sie mit Johannisbeergelee. Auf jeden Apfel wird noch ein kleines Stück Butter gelegt, zuletzt alles mit Zucker bestreuen und für 25 bis 30 Minuten bei 220 Grad im Backrohr backen. Vorsicht! Die Äpfel sind danach sehr heiß!

Die Herstellung von Bratäpfeln ist eine alltagspraktische Tätigkeit, bei der es Kindern eine große Freude bereitet, mit von der Partie zu sein. Lassen Sie den Nachwuchs daher ruhig Äpfel waschen, Auflaufform einpinseln und auch die Äpfel füllen. Mit jedem dieser Arbeitsschritte verbessern die kleinen Köche ihre Feinmotorik. Sie hantieren immer wieder mit neuen Gegenständen, erproben neue Bewegungen damit und schulen so ihre motorische Planung ebenso wie Greifformen und differenzierte Bewegungen.

Zimt-Duftanhänger

Material:	100g Zimt, ca. 120 g Apfelmus, 2l-Gefrierbeutel, Ausstech-förmchen, Nadel, Satinband, Lackstift
Zeitaufwand:	15 Minuten, dann 2 Tage Trockenzeit, dann nochmals ca. 15 Minuten
Alter:	ab 2 Jahren

Den Zimt und das Apfelmus in einen Gefrierbeutel füllen und in dem Beutel gut verkneten. Es entsteht eine braune Masse, die nicht schön aussieht, aber sehr gut riecht. Es soll ein fester Teig entstehen. Ist zuviel Apfelmus in den Teig geraten, kann man den Teig durch die Zugabe von Mehl etwas trockener machen, aber vorsichtig, denn das Mehl bleibt auch nach dem Trocknen der Anhänger weiß. Danach rollt man den Teig noch im Gefrierbeutel aus, sollte aber darauf achten, keine Falten im Plastik zu haben, die sich auf den Teig übertragen. Wenn der Teig ungefähr 0,5cm und gleichmäßig dick ausgerollt ist, kann man mit normalen Keksausstechförmchen oder mit Sandförmchen Formen ausstechen. Die fertigen Duftplätzchen werden noch mit einer Nadel durchstochen und dann auf einem Brett zum Trocknen beiseite gelegt.

Nach ungefähr 2 bis 3 Tagen sind die Duftanhänger durchgetrocknet (man kann das erkennen, wenn die Plätzchen gleichmäßig hellbraun sind). Dann sollte man zunächst die Löcher für die Aufhänger nacharbeiten. Satinbänder von ca. 20cm Länge werden mit einer Nadel durch die Aufhängungen geschoben und verknotet. Schließlich kann man die Duftanhänger noch mit weißem Lackstift verzieren.

Die angegebene Menge ergibt ca. 20 Duftanhänger. Die Plätzchen sind nicht zum Verzehr bestimmt.

ⓘ Das Kneten der Masse fördert die Feinmotorik und die Eigenwahrnehmung der Kinder. Zwar kommen sie nicht direkt mit der Masse in Kontakt, spüren aber dennoch wie sie zusammen mit dem Gefrierbeutel unter den Händen nachgibt und wie sich die Finger immer wieder an die Masse anpassen, um sie im nächsten Moment wieder zu verdrängen. Das Ausstechen erfordert eine Auge-Hand-Koordination und dosierten Krafteinsatz.

6. Fühlen und Tasten – Die Welt be-greifen

Selbstgemachte Körperfarbe

Material:	Maisstärke, Wasser, Bodylotion, Lebensmittelfarbe, Schraubgläser
Zeitaufwand:	15 Minuten
Alter:	ab 2 Jahren

MischenSie pro Farbe einen Becher Maisstärke, einen halben Becher Wasser, einen halben Becher Bodylotion und einige Tropfen Lebensmittelfarbe. Im Kühlschrank lassen sich die Farben in gut verschlossenen Schraubgläsern 2 Wochen aufbewahren.

Lassen Sie Ihr Kind mit der Farbe experimentieren – ein guter Zeitpunkt ist vor dem Baden. Im Badezimmer können Sie die Farben leicht von den Fliesen entfernen und in der Wanne lassen sich auch die Farben schnell von der Kinderhaut waschen. Im Sommer sind die Farben auch im Garten eine schöne Beschäftigung.

Natürlich können sich Geschwisterkinder oder Eltern und Kind auch gegenseitig bemalen. Sie können die Farben auch nutzen, um dem Kind die Körperteile näher zu bringen: den Bauch malen wir blau an, die Arme rot. Halten Sie Papier bereit und machen Sie Abdrücke des Körpers.

Das Experimentieren mit Körperfarben fördert die Körperwahrnehmung Ihres Kindes. Es lernt seinen Körper und die Zusammenhänge der Körperteile kennen und spürt sie durch das Auftragen der Farbe ganz bewusst. Beim Malen mit der Farbe wird es einzelne Finger isolieren, um eine Strichführung zu erzielen, während es beim großflächigeren Auftragen die Handstellung verändern und mit der Handfläche arbeiten wird.

Barfußpfad

Material:	Drainage- oder Gartenvlies oder Malervlies, oder Obstkästen, flache Kartons oder Körbe, verschiedenstes Fühl-Material:
	Zum Beispiel aus dem Wald: trockene Blätter, frische grüne Blätter, Kastanien, Eicheln, Tannenzapfen, Tannenzweige, Tannennadeln, Baumrinde, Moos, kleine Äste, frisches Gras, Farn.
	Vom Schreiner bzw. einem Bauernhof: Sägemehl, Holzspäne, Heu, Stroh, flache Holzscheiben aus einem Baumstämmchen,
	Aus dem Haushalt: Kieselsteine, Sand, Muscheln in Sand eingebettet, Split, Korken, ein Schaffell, viele kleine Stoffmuster, zusammengeknüllte Zeitungsbälle
Zeitaufwand:	ein kleiner improvisierter Pfad ist nach 15 Minuten fertig
Alter:	ab 2 Jahren

Eine schnelle Möglichkeit einen Barfußpfad zu verwirklichen ist es, flache Körbe und Obstkisten mit unterschiedlichem Material zu befüllen. Kinder und Erwachsene steigen einfach von Kiste zu Kiste. Da teilweise Material an den Fußsohlen hängen bleibt und auch seitlich abfällt, ist es sinnvoll, Malervlies oder eine alte Folie unterzulegen, damit der Raum nicht verunreinigt wird.

Wenn Sie die Möglichkeit haben, den Pfad größer anzulegen (im Garten) und vielleicht einige Tage stehen zu lassen, dann empfiehlt sich die Verwendung von Garten- oder Drainagevlies, um darauf die Materialien anzuordnen. Achten Sie bei der Anordnung auf Abwechslung: hartes sollte sich mit weichem, kantiges mit rundem abwechseln, um für Spannung zu sorgen. Damit sich die Materialien nicht vermischen, ist auch hier planerisches Denken gefragt. Es macht wenig Sinn, erst durch feuchten Matsch und dann durch Sägemehl zu laufen!

Die meisten Barfußpfade haben auch einen Balance-Anteil. So könnten Sie größere Steine, Holzbalken oder gar alte Autoreifen zum Balancieren einbringen.

Am Ende des Parcours können Sie eine Schale mit Wasser, Handtücher und evtl. Handcreme zur Verfügung stellen.

Praxistipp: Es gibt auch professionell angelegte Barfußpfade. 2009 wurden im „Verzeichnis der Barfußparks in Deutschland" 45 Barfußpfade geführt. Der Eintritt ist meist frei. Für die Münchner Berge und das Alpenvorland gibt es außerdem den ersten Barfußwanderführer in deutscher Sprache. **http://www.barfusspark.info/index.html**

ℹ Jedes Mal, wenn Sie Ihr Kind barfuss laufen lassen, fördern Sie die Kräftigung seiner Fußmuskulatur und die Ausbildung einer korrekten Zehenstellung. Das verringert das Risiko von Fußschäden und verbessert die Ganzkörperkoordination des Kindes. Im Rahmen eines Barfußpfades werden viele verschiedene Reize angeboten, die das Kind taktil aufnimmt. Dies ist zunächst ungewohnt, da wir uns meist auf die Finger als taktiles Organ konzentrieren. Es kann sein, dass die Kinder einige Reize anfangs gar nicht tolerieren. Bedenken Sie, dass die Fußsohle nicht „abgehärtet" ist und es vielleicht eine langsame Heranführung an einige Stationen des Parcours bedarf!

Eiskreisel

Material:	verschiedene Eierbecher aus Plastik oder Espressotassen, Wasser, Wasserfarben
Zeitaufwand:	eine Nacht zum Frieren, zum Spielen 10 Minuten
Alter:	ab 2 Jahren (unter Aufsicht)

Füllen Sie verschiedene Eierbecher mit Wasser, das Sie vorher mit Wasserfarbe unterschiedlich einfärben. Die Eierbecher über Nacht in die Kühltruhe stellen. Ist das Wasser gefroren, die Eierbecher unter heißes Wasser halten, dann lösen sich die Eiswürfel darin leichter.
Die Eiswürfel kann man auf der runden Seite wie einen Kreisel trudeln lassen. Auf der flachen Seite kann man sie anstupsen und über eine glatte Fläche sausen lassen.
Im Sommer in Badesachen macht das Spiel besonders viel Spaß: wer traut sich, seinen Kreisel über den Rücken oder den Bauch rutschen zu lassen?

Mit dieser Beschäftigung fördern Sie die taktile Wahrnehmung im Sinne des Temperaturempfindens. Die Eiswürfel haben einen hohen Aufforderungscharakter und die Kinder werden sich nicht scheuen, sie anzufassen. Berühren sie nun mal den kalten „Kreisel" und dann zum Beispiel den sonnenbestrahlten Gartentisch erfahren sie stets kleine Temperaturunterschiede. Sobald die Kreisel zu schmelzen beginnen, ist es gar nicht so einfach sie anzufassen. Beim Greifen müssen die Kinder ihre Finger nun ganz genau an die Form des Kreisels anpassen und müssen die eingesetzte Kraft gut dosieren.

Zudem stärkt dieses Spiel die Kognition der Kids. Sie lernen einfache physikalische Zusammenhänge kennen: Wasser wird in der Kühltruhe zu Eis und beim Spielen, wenn es in der Sonne liegt oder in der Hand, dann schmilzt es wieder zu Wasser.

Löwenzahnkringel

Material:	viele Löwenzahnstiele, kleiner Eimer oder Schüssel mit Wasser
Zeitaufwand:	ca. 30 Minuten
Alter:	ab 2 Jahren

Eine der ersten Blütenpflanzen im Frühling ist der Löwenzahn. Sammeln Sie mit den Kindern an einem warmen Tag einen dicken Strauss Löwenzahn. Bei diesem Spiel kommt es nur auf die Stiele an, die möglichst dick sein sollten. Es spielt keine Rolle, ob die Blumen noch Knospen haben oder schon verblüht (Pusteblumen) sind. Zuhause werden die Blütenköpfe von den Stielen getrennt. Die Stiele werden nun an einer oder beiden Seiten ein oder mehrmals mit dem Fingernagel aufgeschlitzt und ins Wasser gelegt. Die Stiele rollen sich ein und werden zu kleinen Schnecken, Pfeifen und anderen interessanten Gebilden. Sollte nichts passieren, können Sie ein wenig nachhelfen, indem Sie den Löwenzahnstiel mit den Innenseiten nach außen in die gewünschte Richtung biegen.

Praxistipp: Legen Sie die Blüten in eine flache Schale mit Wasser, anstatt sie zu entsorgen. Der weiße Löwenzahnsaft macht hartnäckige Flecken, die man am besten sofort mit Gallseife einreibt und anschließend mit klarem Wasser auswäscht.

Mit diesem Spiel unterstützen Sie die feinmotorische und kognitive Entwicklung Ihres Kindes. Die Stiele dürfen in der Hand nicht zu fest gedrückt werden, sonst knicken sie ein, also muss der Kraftaufwand dosiert werden. Beim Aufschlitzen mit dem Fingernagel brauchen die Kinder eine gute Auge-Hand-Koordination und müssen ihre Bewegung abstufen. Da diese Beschäftigung nur wenige Arbeitsschritte umfasst, können Sie sie vorab besprechen und die Kinder dann selbst ausführen lassen (Handlungsplanung, Merkfähigkeit).

Schatztaucher

Material:	ein 10l Eimer, Wasser, verschiedene kleine Gegenstände, ein Handtuch
Zeitaufwand:	je nach Anzahl der Kinder 10 – 15 Minuten
Alter:	ab 2 Jahren

Ein Tastspiel für den Sommer oder das Badezimmer. In einen Eimer mit Wasser werden verschiedene kleine Gegenstände gelegt, wie zum Beispiel Steine, Muscheln, Wasserspritztiere, kleine Plastiktiere, Hüpfbälle, Würfel, etc. Der Eimer wird mit einem Handtuch abgedeckt und die Kinder dürfen dann abwechselnd mit einer Hand in den Eimer fassen, tasten und raten, was sie in ihrer Hand spüren.
Sie können Ihr Kind auch auf einem Stuhl sitzen und die Füße in den Eimer stellen lassen. Nun soll es mit den Zehen nach Murmeln oder anderen kleinen Gegenständen angeln.

Um es den kleinen Kindern leichter zu machen, können die gleichen Gegenstände außerhalb des Wassers nochmals bereitgestellt werden. Das ist vor allem dann hilfreich, wenn die Kleinen nicht alle Gegenstände sicher benennen können. Eine Idee für Kindergeburtstage: die Kinder dürfen den Gegenstand behalten, wenn sie richtig geraten haben.

ℹ Diese Beschäftigung fördert die Wahrnehmung der Kinder. Sie üben zu tasten und zu fühlen, müssen die erspürten Informationen verarbeiten und verknüpfen sie mit bereits bekannten Assoziationen. Erschwert wird das Tasten durch das Wasser – was das Spiel gleichzeitig spannender macht.

Rückenschreiben

Schreiben Sie mit dem Zeigefinger langsam Zeichen auf den Rücken Ihres Kindes. Dafür eignen sich Formen, wie Dreieck, Kreis, Viereck und Stern. Kinder ab dem Vorschulalter können auch versuchen, Buchstaben und Zahlen zu erkennen. Eine Variante ist es, einen oder mehrere Finger sanft auf den Rücken zu drücken, das Kind muss dann erkennen, wie viele Finger Sie benutzen. Wechseln Sie sich bei diesem Spiel mit Ihrem Kind ab.

Praxistipp: Das Spiel eignet sich gut, um Kinder zu beruhigen, da sich die Kinder sehr konzentrieren müssen. Spielen Sie es zum Beispiel vor dem Zubettgehen. Da das Spiel keine Geräusche verursacht, eignet es sich zudem gut in Wartezimmern von Ärzten oder in ähnlichen Situationen.

Dieses Spiel schult die Wahrnehmung Ihres Nachwuchses. Über Tastsinn und Druckempfinden nehmen die Kinder die Berührung auf und verbinden die einzelnen Wahrnehmungen zu einem sinnvollen Ganzen. Diese Wahrnehmung kann nur erfolgen, wenn sich das Kind ruhig hält. Sie wissen selbst, wie angenehm eine Rückenmassage ist – beim Rückenschreiben bieten Sie Ihrem Kind ähnliche Reize an.

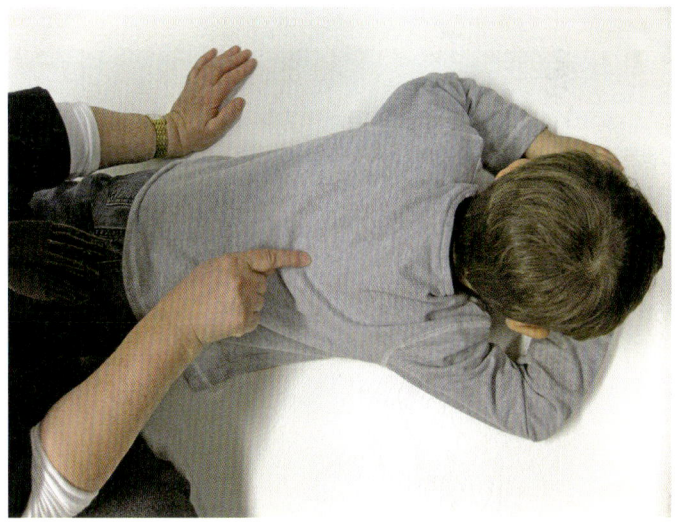

Zoo oder Bauernhof Kimspiele

Material:	Tierfiguren aus Holz oder Hartplastik, Kissenbezug
Zeitaufwand:	20 Minuten
Alter:	ab 2 Jahren

Das Prinzip der Kimspiele ist ganz einfach: durch tasten, riechen oder schmecken sollen die Kinder die versteckten Dinge erraten.

Anlässlich eines Kinderfestes lässt sich ein kleiner Wettbewerb veranstalten. Interessanter ist es aber, Sie binden das Spiel in eine kleine Geschichte ein:

Legen Sie 5 bis 10 Tierfiguren und einen Kissenbezug bereit.

„Es ist Abend und langsam wird es dunkel. Fast alle Besucher haben den Zoo schon verlassen. Die Tiere im Zoo unterhalten sich und beschließen, ein Fest zu veranstalten. Ein Tier nach dem anderen versteckt sich in der großen Höhle." Lassen Sie die Tiere nacheinander im Kissenbezug verschwinden und nennen Sie dabei die Namen: „ Erst schleicht sich der Löwe aus seinem Käfig und schupps, ist er in der Höhle. Danach folgt das Zebra, dann der Affe, die Giraffe…" und so weiter bis alle Tiere im Kissenbezug sind.

„Die Tiere feiern und unterhalten sich. Doch der Tierpfleger Paul, der, bevor er schlafen geht, noch mal nach den Tieren sehen wollte, muss feststellen, dass alle Tiere weg sind. Er macht sich große Sorgen und sucht die Tiere. Könnt Ihr ihm helfen, die Tiere wieder zu finden? Zuerst sucht Paul den Löwen, wer kann den Löwen wieder finden?" Das erste Kind steckt die Hand in den Kissenbezug und soll den Löwen ertasten. Dann sucht das nächste Kind das Zebra, den Affen und so weiter bis alle Tiere wieder da sind und Paul beruhigt schlafen gehen kann.

ⓘ Das Tast-Kimspiel trainiert die taktile Wahrnehmung der Kinder. Unter Ausschluss visueller Kontrolle (die Kinder können durch den Kissenbezug nicht sehen, was sie in der Hand halten) müssen sich die Kinder auf die Reizaufnahme der Finger konzentrieren. Sie tasten die Figuren mit den Fingerkuppen ab und erfassen auch über die Stellung ihrer Gelenke und über den Widerstand, den die Figur gibt, ihre Eigenschaften und Form. Diese Informationen werden mit dem abgespeicherten Wissen über das Aussehen der Tiere abgeglichen, so dass die Kinder sie identifizieren können.

Rasierschaum-Matsch

Material: Rasierschaum, eine Glasscheibe, Glastisch, Spiegel

Zeitaufwand: 20 Minuten

Alter: ab 2 Jahren

Eine etwa faustgroße Menge Schaum auf ein Tablett oder auf einen Spiegel geben. Die Kinder werden fast unverzüglich anfangen, den Schaum auf dem ganzen Untergrund zu verteilen.

- Im Rasierschaum lassen sich einfache Figuren oder Straßen aufzeichnen, die mit dem Finger oder einem Gegenstand nachgefahren werden.
- Haben Sie einen Spiegel untergelegt, macht es Spaß, eine Fläche frei zu schieben, in der sich das Kind betrachten kann. Malen Sie ein Gesicht in den Schaum, so dass Ihr Kind seine Augen in den Augen des Bildes sieht.
- Bitten Sie Ihr Kind, kurz die Augen zu schließen und verstecken Sie kleine Gegenstände im Schaum. Wenn Ihr Kind den Gegenstand nicht mehr sehen kann, muss es mit den Fingern auf Schatzsuche gehen.
- Sie können auf den Rasierschaum auch einen kleinen Tupfer Fingerfarbe oder Lebensmittelfarbe auftragen. Sie lässt sich im Schaum gut verteilen, es entstehen Farbspuren oder ganze Bilder und nach und nach färbt sich der ganze Schaum.

Praxistipp: Kinder, die Rasierschaum nicht von Papa aus dem Badezimmer kennen, assoziieren damit leicht „Sahne". Stellen Sie klar, dass der Schaum nicht essbar ist und lassen Sie die Kinder nicht längere Zeit unbeaufsichtigt spielen.

Der Rasierschaum riecht intensiv – sorgen Sie für ausreichende Belüftung. Erfahrungsgemäß gelangt im Eifer des Gefechts leicht etwas Schaum an die Kleidung. Lassen Sie Ihr Kind daher ein altes Oberteil tragen oder verzichten Sie ganz auf T-Shirt und Co.
Rasiergel muss erst mit ein wenig Wasser zu Schaum gerührt werden.
Der Rasierschaum trocknet die Hände aus, halten Sie Handcreme bereit.

Das Experimentieren mit Rasierschaum verbessert die taktile Wahrnehmung und die Körperwahrnehmung Ihres Kindes. Der Schaum hat eine ungewohnte Konsistenz und weckt damit die Neugier des Nachwuchses. Je eifriger die Kinder ihre Hände im Schaum vergraben, desto mehr Erfahrungen machen sie. Achtung: Es kann sein, dass einigen Kindern dieser unbekannte Reiz unangenehm ist („taktile Abwehr"). Will Ihr Kind nicht in den Schaum fassen, sollten Sie zunächst klarere Reize wählen, zum Beispiel Knete, Salzteig oder Sand.

Sand + Wasser = Matsch

Material:	Sandkasten, Wasser, eventuell Förmchen oder leere Joghurtbecher
Zeitaufwand:	30 bis 90 Minuten
Alter:	ab 2 Jahren

Ein Sandkasten ist einer der Klassiker für Kinder. Selbst die Kleinsten sitzen schon gern im Sand. In den kleinsten Gärten und auf allen Spielplätzen gibt es Sandkästen. Im Laufe der Kindergartenzeit nimmt das Interesse der Kinder aber langsam ab. Das ändert sich, sobald Sie Wasser ins Spiel bringen!
Durch das Wasser lässt sich der Sand besser verbauen und man kann Burgen, Tunnel und Murmelbahnen bauen.

Sicher bekommen auch Sie Sandkuchen und Sandsuppe mit Gras und Blättern serviert.

Die Beschäftigung mit Sand ist ein klassisches Medium, um die taktile Wahrnehmung der Kinder zu fördern. Der Sand bietet an den Händen die verschiedensten Reize: mal rieselt er ganz leicht durch die Finger, mal wird er mit der Handkante zusammen geschoben, mal ist er warm, dann wieder kalt. Der Reiz verstärkt sich, wenn Wasser zugegeben wird: die Konsistenz verändert sich, der Sand wird schwerer. Wenn Kinder Förmchen befüllen oder Löcher graben, trainieren sie ihre Auge-Hand-Koordination und den koordinierten Einsatz beider Hände.

Sandwanne für drinnen

Material:	Tablett, Vogelsand oder Dekosand, Teesieb, evtl. Glassteinchen, Filmdöschen
Zeitaufwand:	15 Minuten
Alter:	ab 3 Jahren

Den Sand auf einem Tablett verteilen. Mit dem Finger lassen sich in den Sand Spuren ziehen. Wenn die Kinder leicht am Tablett rütteln oder mit der Hand ganz sachte über den Sand wischen, verschwinden die Spuren wieder. Kleine flache Gegenstände, zum Beispiel Glassteinchen, lassen sich im Sand gut verstecken. Wenn Sie in den Deckel eines Filmdöschens ein kleines Loch bohren, entsteht eine „Sand-Gießkanne". Damit können die Kinder gemalte Spuren nach und nach wieder zuschütten.

Wenn Sie das Spiel mit der Sandwanne schon häufiger angeboten haben, können Sie es mit einer Geschichte wieder spannender machen. Erzählen Sie zum Beispiel, dass Sie in der Wüste sind. Dort gibt es kleine Sandberge (die das Kind nun vorsichtig formen soll) und vielleicht die Fußabdrücke einer Kamelherde.

Mit einem älteren Spielzeugauto kann das Kind eine Straße, die Sie mit den Fingern im Sand gezogen haben, nachfahren. Kommen ein Sandsturm (mit der flachen Hand ganz vorsichtig über den Sand streichen) oder ein Erdbeben (das Tablett behutsam rütteln) verschwinden alle Spuren wieder.

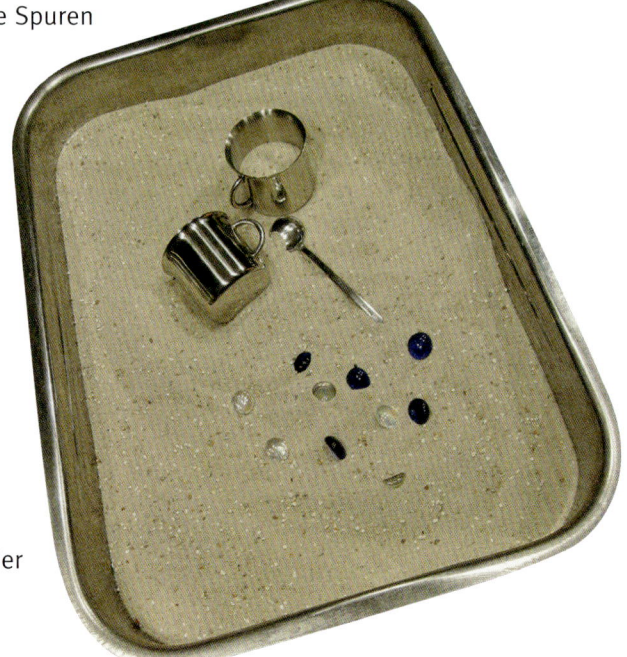

Die Sandwanne kann aber auch den Strand symbolisieren. Mit einem Espressolöffel kann Ihr Kind ein kleines Gefäß (z. B. Schnapsglas) füllen und so das Hantieren mit Schaufel und Eimer nachspielen. Verstecken Sie Glassteinchen oder gar echte Muscheln, kann Ihr Kind auf Schatzsuche gehen.

🟢 **Praxistipp:** Die Kinder haben sehr viel Spaß an der Sandwanne. Rechnen Sie damit, dass Sand auch

rund um die Wanne verteilt wird. Wenn man ein wenig Wasser zugibt, kann man auch kleine Kuchen backen oder Burgen bauen. Rechnen Sie damit, dass die Kinder selbst auf diese Idee kommen.

ⓘ Egal ob drinnen oder draußen, das Spielen mit Sand fördert die taktile Wahrnehmung Ihres Kindes. Es spürt den Unterschied des feinen Sandes zu härteren Gegenständen und wird den Reiz des Sandes genießen. Besprechen Sie vor dem Spiel ruhig, dass der Sand nur auf dem Tablett bleiben soll! Auch wenn die Kids voller Eifer spielen, sollen sie im Auge behalten, dass kein Sand über den Rand rieselt. Das erleichtert das anschließende Aufräumen und die Kinder lernen, ihre Bewegungen zu dosieren und aufmerksam zu bleiben.

Kneten mit Salzteig

Material:	Zwei Teile Mehl, ein Teil Salz, etwas Wasser, eventuell Lebensmittelfarbe, Zahnstocher, Deckel, Teigrolle, Ausstechförmchen, Sandförmchen
Zeitaufwand:	60 bis 90 Minuten oder länger
Alter:	ab 2 Jahren

Mehl, Salz und Wasser werden in eine Rührschüssel gegeben und mit den Händen geknetet. Dabei können die Kinder helfen.
Kleine Kinder und Kinder, die zum ersten Mal kneten, dürfen zunächst das Material kennen lernen und einfach kneten, Würste und Kugeln formen, kleine Äste oder Zahnstocher in den Teig stecken, alles ist erlaubt.

Will man gestalterisch arbeiten, kann man zum Beispiel Plätzchen aus Salzteig ausstechen. Dann mit einem Holzspieß ein Loch zum Aufhängen einstechen. Die

Plätzchen, Aufhänger, Schilder oder anderen Werke sollten nicht zu dickwandig sein, wenn sie getrocknet werden sollen. Fertige Werke gut (ca. 24 Stunden) trocknen lassen und erst dann 30 bis 40 Minuten bei 150 Grad C im Backofen backen. Danach können die Plätzchen bemalt und lackiert werden.

○ **Praxistipp:** Ist noch Feuchtigkeit im Salzteig, dann bläht sich der Salzteig beim Backen auf. Das kann einen netten dreidimensionalen Effekt ergeben, die Bastelarbeit aber auch zerstören. Das Salz im Salzteig lässt die Hände stark austrocknen. Halten Sie eine Handcreme bereit!

ℹ Das Kneten mit Salzteig hat einen fördernden Einfluss auf Wahrnehmung und Motorik. Ihr Kind spürt die Konsistenz des Teigs, nimmt ihn an allen Fingern wahr und bekommt so taktile Informationen. Beim Kneten setzt es seine Hände ein, erprobt verschiedene Fingerbewegungen und verbessert seine Handkraft.

Salzteigmosaik

In eine Form, wie zum Beispiel eine kleine Käseschachtel aus Pappe oder Holz, wird eine Schicht Salzteig gedrückt. Der Salzteig soll die Käseschachtel ruhig ausfüllen. Nun werden in den Salzteig Bohnen, Erbsen, Eicheln gedrückt. Daraus entsteht nach und nach ein Mosaik. Nach dem Trocknen kann es sogar aufgehängt werden, dazu sollten Sie aber ein Loch zum Aufhängen einstechen.

ⓘ Das Herstellen eines Salzteigmosaiks fördert die Wahrnehmung und die Feinmotorik Ihres Kindes. Beim Kneten des Teiges nimmt es über die Hände taktile Informationen auf und spürt die Gelenkstellung seiner Finger. Wenn Sie zusammen mit Ihrem Kind unterschiedliche Objekte eindrücken, nimmt Ihr Kind auch dabei unterschiedliche Oberflächen wahr. Um die Gegenstände an den gewünschten Platz zu bekommen, braucht Ihr Kind eine gute Auge-Hand-Koordination und muss seine Handkraft angemessen einsetzen.

Versteckte Steine

Material:	ein Stoffsäckchen, drei Steine in verschiedenen Größen
Zeitaufwand:	15 Minuten
Alter:	ab 2 Jahren

In einem kleinen Stoffsäckchen werden drei Steine versteckt. Die Kinder dürfen eine Hand hineinstecken und fühlen. Dann sollen sie zunächst den größten, dann den mittleren und zuletzt den kleinsten Stein herausnehmen. Bei jedem Versuch werden immer alle Steine wieder in das Säckchen gelegt.

Dieses Spiel trainiert die taktile und propriozeptive Wahrnehmung des Kindes. Durch genaues Befühlen und Betasten der Steine sammelt es Informationen über Oberflächenbeschaffenheit, Größe (anhand der Stellung der Finger beim Umschließen des Steins) und Gewicht. Diese Informationen werden miteinander abgeglichen und ermöglichen es dem Kind so, zu einem Ergebnis zu kommen. Wenn Sie dieses Spiel häufiger anbieten, werden Sie feststellen, dass die Größenunterschiede immer geringer werden können und das Kind die Steine dennoch differenzieren kann.

Wichtig ist, dass Sie mit kleinen Kindern vorher besprechen, was „der größte" oder der „mittlere" genau bedeutet!

Besuch vom Ball

Material:	ein Ball, zum Beispiel ein Igelball oder ein Softball, eine Decke
Zeitaufwand:	10 Minuten
Alter:	ab 2 Jahren

Bitten Sie das Kind, sich bäuchlings auf die Decke zu legen, die Sie auf dem Boden bereitgelegt haben. Zeigen Sie Ihrem Kind den Ball und erklären Sie, dass dieser Ball das Kind heute besuchen will.

Sie beginnen nun den Körper des Kindes langsam und mit etwas Druck mit dem Ball abzurollen.

Erzählen Sie dabei, dass der Ball einen Spaziergang machen und in das „Name des Kindes" – Land wandern wollte. Die Wanderung ging mit einem steilen Berg los (über die Fußsohlen zur Ferse rollen) und der Ball schwitzte schon fast, als er oben war. Dann ging es erstmal geradeaus (über die Beine), bis er in eine etwas matschige Gegend kam (auf dem Gesäß des Kindes leicht pumpende Bewegungen ausführen). Nach dem Matsch kam eine riesige Wiese, da gefiel es dem Ball sehr gut und er spielte einige Zeit im Sonnenschein (auf dem Rücken des Kindes rollen, dabei den Druck verändern und nie mit Druck direkt auf der Wirbelsäule rollen! Um den Sonnenschein zu simulieren, eine Hand längere Zeit auf eine Stelle legen – das Kind spürt die Wärme). Als er sich ausgetobt hatte, entdeckte der Ball einen Weg, der zu fünf Felsen führte (den Arm entlang zur Hand rollen). Er war ganz mutig und kletterte auf jeden der fünf Felsen (jeden Finger mit dem Ball berühren). Jetzt wollte er auch noch auf den großen Berg steigen (Ball rollt über den Arm, die Schulter und den Nacken auf den Kopf) und die Aussicht genießen. Von der Bergspitze aus sieht der Ball fünf weitere Klippen, die er besuchen will, spielt dann nochmals auf der Wiese, die ihm so gut gefallen hat und macht sich schließlich auf den Heimweg (über das andere Bein).

Jüngere Kinder werden sich nicht so lange ruhig verhalten können, dass Sie eine komplette Körperreise machen können. Lassen Sie den Ball dann nur auf dem Rücken spielen. Wenn sich Ihr Kind auf die Geschichte einlassen kann, kommt beim nächsten Mal vielleicht ein anderer Ball, der vom ersten gehört hat, wie schön das „Name des Kindes" - Land ist!

Praxistipp: Rollen Sie Ihr Kind mit einem Igelball oder einem etwas härteren Ball ab, wenn es durch Krankheit oder Unfall länger liegen muss. Kinder wie Erwachsene erhalten durch Bewegungen Informationen über ihren Körper. Wenn diese ausbleiben, tut es gut, sich durch den Ball intensiv zu spüren. Wenn Ihr Kind gesund ist, empfiehlt es sich, die Entspannungsübung auf einer Decke auf dem

Boden durchzuführen, da der Untergrund so stabiler ist und die Reize besser wahrgenommen werden können. Im Bett verliert sich der Druck des Balles, weil das Kind leicht in die Matratze einsinkt.

ⓘ Mit dieser Übung geben Sie Ihrem Kind die Möglichkeit, sich ganz intensiv wahrzunehmen. Durch den Druck und die Bewegung des Balles bekommt es von jedem Körperteil intensive Informationen. Das kann den Kids helfen, ruhig zu werden, wenn Sie gerade aufgedreht sind und verbessert die Konzentration und Aufmerksamkeit.

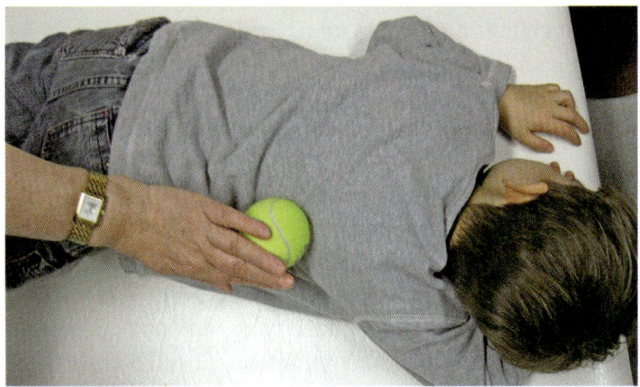

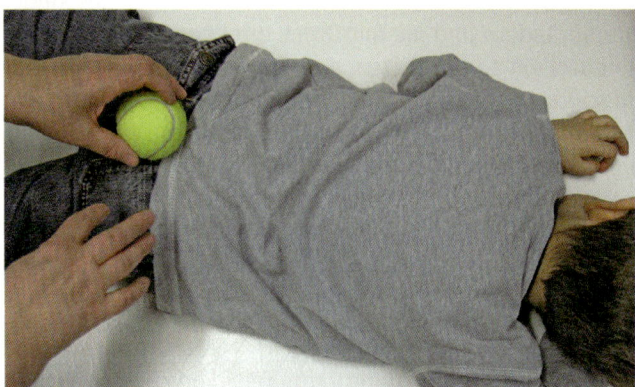

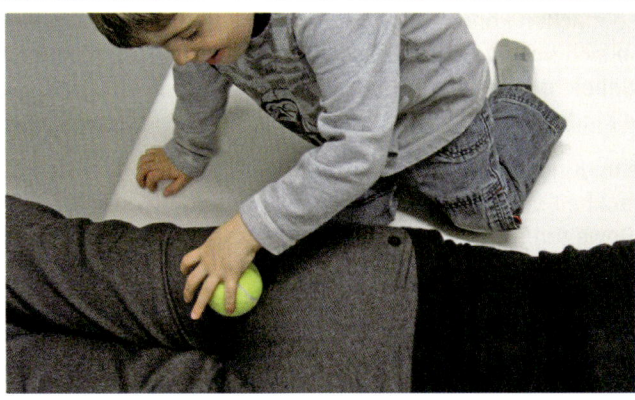

7. Malen, Schneiden, Kleben – Mal nicht im Malbuch

Murmelbilder

Material:	Schachteln (zum Beispiel Deckel eines Schuhkartons, Pralinenschachtel etc.), Murmeln, dickflüssige Farbe (zum Beispiel Fingerfarbe, Acrylfarbe), flache Schälchen, Papier, Schere
Zeitaufwand:	15 Minuten
Alter:	ab 3 Jahren

Das Papier entsprechend der Größe der Schachtel zuschneiden und in die Schachtel einlegen. Etwas von der Farbe in flache Schälchen umfüllen. Die Murmeln werden vorsichtig in die Farbe getaucht und dann in die Schachtel gelegt. Nun die Schachtel hin und her bewegen, so dass die Murmel zu rollen beginnt. Dies mehrmals und mit verschiedenen Farben wiederholen.

ℹ Mit den Murmelbildern fördern Sie Ihren Nachwuchs im Bereich Feinmotorik. Sobald die Murmeln in der Schachtel sind, wird diese mit beiden Händen gezielt hin und her bewegt. Achten Sie bei flachen Schachteln besonders darauf, dass die Murmel nicht über den Rand hinausrollt. Das Kind muss also die Bewegung der Murmel mit den Augen verfolgen und mit einer Handbewegung reagieren, wenn sie dem Rand zu nahe kommt (Auge-Hand-Koordination).

Falttechnik mit Farben

Material:	Papier, dickflüssige Farbe, Schere, Pinsel
Zeitaufwand:	30 Minuten (inklusive Trockenzeit)
Alter:	ab 3 Jahren

Falten Sie ein Blatt Papier einmal in der Mitte. Auf der einen Blatthälfte tragen Sie Farbe auf, nicht zu weit vom Falz entfernt und nicht zu wenig. Das Papier mit der noch völlig feuchten Farbe nun erneut falten und dabei vorsichtig über die Farbe streichen. Wenn Sie das Blatt wieder entfalten, haben sich die Farben vermischt und annähernd symmetrisch auf die andere Blatthälfte übertragen.

Aus der entstandenen Farbfläche lassen sich nun symmetrische Figuren ausschneiden (z. B. ein Herz), indem Sie die Falzlinie als Mittellinie der Figur nutzen. Oft hat der Farbklecks die Form eines Schmetterlings, die nur noch ausgeschnitten werden muss.

ℹ Mit der Herstellung von Faltbildern können Kinder ihre Feinmotorik verbessern. Beim Auftragen der Farbe schulen sie ihre Auge-Hand-Koordination, üben den Umgang mit dem Pinsel als Vorstufe für den Stiftgriff und müssen die eingesetzte Kraft dosieren. Da zunächst keine konkreten Figuren entstehen, wird die Kreativität der Kinder angesprochen.

Kleister-Schnipsel Verzierungen

Material:	Kleister, bunte Papierreste, Pinsel, Schachteln, Bilderrahmen
Zeitaufwand:	30 Minuten
Alter:	ab 2 Jahren

Bitten Sie Ihr Kind, bunte Papierreste (sie sollten nicht zu dick sein, es eignen sich zum Beispiel Tonpapier, farbiges Kopierpapier, Glanzpapier) in Schnipsel zu zerreißen. Die Größe der Schnipsel hängt von der Größe des zu beklebenden Objektes ab: für einen großen Schuhkarton dürfen die Schnipsel größer sein, als für ein Schmuckdöschen.

Sind ausreichend Schnipsel entstanden, tragen Sie mit einem Pinsel oder mit den Fingern eine Schicht Kleister auf das Objekt auf. Legen Sie nun nach und nach die Schnipsel auf und bedecken Sie sie sofort mit einer neuen Schicht Kleister. Da es sich um eine reine Verzierungsarbeit handelt, reicht eine deckende Schicht Schnipsel.

Sie können Objekte ganz bunt oder mit Farbabstufungen einer Grundfarbe bekleben.

⏵ **Praxistipp:** Diese Art zu verzieren lässt aus einfachen Holz-Bilderrahmen, Span- oder Hartkartonschachteln oder Schuhkartons ganz leicht schöne Geschenkideen entstehen. Wenn Sie mit bunten Schnipseln arbeiten, kann Ihr Kind bei dieser Aufgabe quasi nichts „falsch" machen!

ⓘ Beim Zerreißen des Papiers trainiert der Nachwuchs seine bimanuelle Koordination (Hand-Hand-Koordination), deshalb sollten Sie diese Aufgabe nicht komplett selbst übernehmen. Versuchen Sie, Ihr Kind dazu zu motivieren, den Kleister mit den Fingern aufzutragen. Das geht meist einfacher und hat einen positiven Einfluss auf die taktile Wahrnehmung. Sträubt sich Ihr Kind den Kleister zu berühren, lassen Sie es mit dem Pinsel arbeiten! Das Aufbringen der Schnipsel verbessert die Auge-Hand-Koordination der Kinder. Wenn sie den Kleister über das Papier streichen, ist Kraftdosierung gefragt, um die Schnipsel nicht gleich wieder weg zu schieben.

Kleinere Kinder lernen in Sequenzen zu arbeiten: die Arbeitsschritte wiederholen sich zwar immer wieder, die Schnipsel müssen aber an verschiedenen Stellen angebracht werden.

Blumentöpfe bemalen

Material:	kleine bis mittelgroße Tontöpfe (schon gebrauchte Tontöpfe vorher gründlich mit einer Bürste und Wasser reinigen und trocknen lassen), Acryl- oder Fingerfarbe, farbloser Lack (gibt es auch speziell für Tontöpfe), Pinsel
Zeitaufwand:	30 – 45 Minuten
Alter:	ab 3 Jahren

Die Tontöpfe mit Pinseln oder Fingern bemalen, trocknen lassen. Die Gestaltungsmöglichkeiten sind vielfältig;

Für einen gestreiften Topf grundieren Sie mit weißer Farbe. Nachdem die Farbe getrocknet ist, mit einer oder mehreren Farben Streifen aufmalen. Sollen die Streifen ganz gerade werden, schneiden Sie Kreppklebeband in Streifen und kleben den Tontopf in gleichen Abständen damit ab. Wird das Klebeband gerissen, kann man damit auch getigerte Muster erzeugen.

Für ein Grasmännchen bemalt man den Topf mit einem Gesicht, in den Topf wird nach Fertigstellung Gras gesät, so bekommt der Topfmann grüne Haare. Aber auch Töpfe, die die Kinder ganz frei gestalten dürfen, sehen sehr schön aus.

Werden die Tontöpfe nach dem Bemalen lackiert, leuchten die Farben noch mehr und der Topf wird außen wasserundurchlässig. Wird der Topf mit Erde gefüllt und bepflanzt, ist er ein schönes Geschenk für Oma, er kann aber auch als Stiftehalter oder Futterglocke für Vögel weiterverwendet werden.

ⓘ Mit dem Bemalen von Blumentöpfen fördern Sie die Feinmotorik Ihres Nachwuchses in den Bereichen Auge-Hand-Koordination, Abstufen der Malbewegungen und motorische Planung. Lassen Sie die Kinder mit den Fingern malen, nehmen sie diese besonders intensiv wahr, trainieren ihre taktile Wahrnehmung (taktil = das Tasten betreffend) und verbessern dadurch ihr Körpergefühl.

Pappkartonhaus und Pappkartonofen

Material:	ein großer Pappkarton von einem Kühlschrank, Fernseher, oder anderen großen Elektrogeräten. Sollten Sie gerade keine größere Anschaffung gemacht haben, fragen Sie in einem Elektrofachgeschäft in Ihrer Nähe nach einer nicht mehr benötigten Verpackung. Außerdem: Messer, Farbe, Stoffreste, Schnur
Zeitaufwand:	60 bis 120 Minuten
Alter:	Kinder ab 2 Jahren spielen gerne mit so einem Haus, ab 4 Jahren können die Kinder selbst beim Hausbau Hand anlegen.

Sägen Sie eine Tür und Fenster aus dem Karton. Wenn Sie Teile der Fenster als Fensterläden stehen lassen, kann das Kind die Fenster öffnen und schließen. An andere Fenster kann man mit einem Tacker Stoffreste als Gardinen befestigen. An der Tür zwei Löcher bohren und ein Stück Schnur durchziehen, mit Knoten an der Innenseite als Türgriff befestigen. Das Haus kann mit Acrylfarbe grundiert und mit verschiedenen Farben (Filzstifte, Wachsmalkreiden) von den Kindern bemalt werden.

Sollte Ihnen die Umsetzung eines Hausprojekts für den Anfang zu viel erscheinen, oder zuviel Platz benötigen, bietet sich an, aus einem etwas kleineren Karton einen Spielherd zu basteln. Beziehen Sie die Schachtel mit Packpapier oder grundieren Sie den Karton in weiß oder grau. Vier kleine Scheiben, zum Beispiel Weinkorken, die Sie in 1 cm dicke Scheiben geschnitten und in der Mittel gelocht haben, werden mit Lochklammern an der Vorderseite als Bedienknöpfe befestigt. Oben malt man mit schwarzer Farbe vier Herdplatten. Schmücken Sie den Herd beliebig aus, vielleicht sogar mit einem Backofen? Dieser Herd unterstützt Ihr Kind bei dem häufigsten Rollenspiel, wenn es nämlich Sie nachahmt.

⭕ **Praxistipp:** Es gibt nun auch Spielhäuser aus Pappe zu kaufen, die man selbst aufbauen und gestalten kann. Darin sind schon alle Kartonteile für ein Haus mit Dach enthalten.

💬 **Kilian:** *„Können wir bitte für meinen Teddybär auch so ein Haus bauen?"*

ℹ️ Beim Hausbau üben die Kids sowohl ihre Fein- als auch Grobmotorik. Sie trainieren ihre Kraftdosierung, die Koordination ihrer Handbewegungen, den Umgang mit Pinsel und Stiften und die Umsetzung kreativer Ideen in Zeichenbewegungen.

Schatzkiste selbst bauen

Material:	alte Schuhkartons, kleine Holzkisten, Plakat- oder Acrylfarben, Alleskleber, kleine Mosaiksteine und andere kleine Deko
Zeitaufwand:	60 – 120 Minuten, eventuell mit Pausen
Alter:	ab 4 Jahren

Den Schuhkarton bemalen, eventuell vorher weiß grundieren. Die Schatzkiste kann dann nach eigenen Vorstellungen der Kinder verziert werden. Zum Beispiel mit Mosaiksteinen bekleben oder den trockenen Karton mit einer Zeichnung aus Alleskleber versehen und dann mit Glitzerpulver bestreuen.

ℹ️ Mit dieser Beschäftigung fördern Sie ihre Kinder im Bereich der Feinmotorik. Beim Herstellen der Schatzkisten spielen Arbeitsschritte eine Rolle, die alle Kinder vom Basteln aus dem Kindergarten kennen. Oftmals ist aber die Motivation viel größer, wenn die Bastelarbeit zu Hause mit Mama durchgeführt wird und dann noch einem gezielten Zweck dient (Ihre Kinder haben sicher schon einige Schätze im Kopf, die in der Truhe aufbewahrt werden sollen). Und je motivierter die Kids arbeiten, desto mehr Mühe werden sie sich geben und dabei wichtige Bewegungs- und Arbeitsabläufe trainieren.

Straßenmalkreiden

Material:	handelsübliche Straßenmalkreiden
Zeitaufwand:	abhängig von den Ideen der Kinder, ca. 10 – 30 Min
Alter:	ab ca. 3 Jahren

Gemalt wird auf einer wenig befahrenen (Spiel-)Straße, einer Einfahrt oder im Hof. Die Straßenkreiden lassen sich von jedem Untergrund entfernen. Es existiert zudem ein Rechtsspruch, dass auch das Bemalen der Flächen vor Miets- oder Mehrfamilienhäusern erlaubt ist. Entweder werden kleine und größere Bilder gemalt oder es ist auch möglich, einen Parcours aus kleinen Straßen aufzumalen, die dann mit Rutschauto, Roller, Fahrrad und Co. befahren werden.

ℹ️ Straßenkreiden sind eine gute Vorübung für das Arbeiten mit dem Stift und Fördern die Feinmotorik ebenso wie die Grobmotorik. Beim Umsetzen der Idee auf den Asphalt trainiert das Kind seine Auge-Hand-Koordination. Da die Kinder zwangsläufig immer wieder andere Körperhaltungen einnehmen müssen um großflächig zu malen, wird die Bewegungsplanung geschult.

❗ Das Amtsgericht Wiesbaden stellte klar: Malen Kinder mit Straßenkreide im Eingangsbereich eines Mietobjektes, gehört das zum **normalen Mietgebrauch**. Vermieter müssen damit leben, dass Kreidezeichnungen den Gehsteig vor dem Haus zieren. Straßenkreide wäscht sich durch Regen weg. Außerdem wird das Treppenhaus nicht durch Farbreste verunreinigt, weil Besucher üblicherweise

die Schuhe an Fußmatten im Eingangsbereich abtreten. Deshalb war die **aufwendige Reinigungsaktion** der Vermieterin **nicht gerechtfertigt**, und sie kann die Kosten nicht auf die Mieterin abwälzen (AG Wiesbaden, Urteil vom 23. 2. 2007, Az. 93 C 6086/05-17).

Blätter und Blumen pressen

Material:	einige dicke Bücher, Zeitungspapier, gesammelte Blumen oder Blätter
Zeitaufwand:	einige Minuten und 2-3 Tage Wartezeit
Alter:	ab 3 Jahren

Im Sommer hat man die Auswahl unter vielen verschiedenen Blumen, im Herbst lohnt es sich, die bunten Blätter näher zu betrachten. Sammeln Sie mit den Kindern während eines Spazierganges Blumen oder Blätter. Die Blüten und Blattstiele sollten nicht zu dick sein, sonst dauert das Trocknen sehr lange. Zuhause werden die Blumen oder Blätter möglichst ohne Falten zunächst zwischen zwei Blatt Küchenrolle und dann zwischen mehrere Lagen Zeitungspapier gelegt und sofort mit mehreren dicken Büchern beschwert. Zeitungspapier in Kombination mit Küchenrolle ist am besten geeignet, um die Feuchtigkeit aus den Pflanzen aufzusaugen. Das dauert mindestens zwei bis drei Tage.

Praxistipp: Wenn es schnell gehen soll, kann man die Blätter mit der Zeitungspapierverpackung auch unter einen Teppich legen, über den man oft läuft.

Mit den getrockneten Blüten oder Blättern können die Kinder schöne Bilder kleben oder Schachteln verzieren. Schachteln und ähnliche Gebrauchsgegenstände sollten mit durchsichtiger Klebefolie bezogen werden, damit nichts kaputtgehen kann. Schöne Kunstwerke entstehen auch, wenn man das fertige Bild laminiert.

Diese Beschäftigung kann die Feinmotorik der Kids verbessern. Sie werden die Blätter und Blüten vorsichtig berühren und lernen, ihre Kraft zu dosieren. Um die natürlichen Schmuckstücke zu einem Bild zu arrangieren, brauchen die Kinder einen gezielten Pinzettengriff (mit Daumen und Zeigefinger). Schon beim Pflücken und Sammeln der Blüten und Blätter müssen die Kids zwischen aktivem Zugreifen, Halten und neuem Auflesen variieren – ein Training für beide Hände.

Wie groß bin ich?

Material:	eine Rolle Papier oder mehrere DIN A3 Blätter, verschiedene Farben, Buntstifte, Wasserfarben, Platz zum Malen am besten auf dem Boden, Pinsel
Zeitaufwand:	60 Minuten
Alter:	ab 2 Jahren

Legen Sie ein Stück Papier, etwas größer als das Kind, auf den Boden. Das Kind legt sich auf den Rücken auf das Papier und ein Erwachsener oder ein anderes Kind zeichnet die Umrisse nach. Das Kind sollte dabei so still wie möglich liegen, daher sollte das Zeichnen der Umrisse nicht zu viel Zeit in Anspruch nehmen. Nun kann das Kind seinen eigenen Körperumriss ausmalen.

Wenn Sie die räumlichen Möglichkeiten dazu haben, hängen Sie das Bild an einer freien Fläche (z. B. Tür) auf. Wenn das Kind sein Körperbild nun ausmalt, kann es besser einen Bezug zum eigenen Körper herstellen. Es steht dem Bild gegenüber und sieht dadurch die Anordnung der Körperteile in der gleichen Ebene. So wird den Kindern bewusst, dass sie nicht irgendetwas ausmalen, sondern den eigenen Körperumriss, der da wie ein Spiegel vor ihnen hängt.

Wenn Sie Stoffreste zur Verfügung haben, können die Kinder auch Kleidung für ihr Abbild basteln. Dazu reicht es natürlich völlig, Stoffstreifen aufzukleben, um so ein Kleid oder eine Hose entstehen zu lassen.

ℹ️ Das Malen von solchen Körperbildern ist eine schöne Möglichkeit, die Körperwahrnehmung der Kinder zu unterstützen und anzuregen. Geben Sie dazu viele Informationen beim Zeichnen des Umrisses oder beim Ausmalen: hier ist dein Kopf, jetzt fahre ich am Arm entlang, um den Kleinen Finger herum…. Beim Ausmalen üben die Kinder ihre Malbewegungen abzustufen, um nicht aus der Kontur herauszumalen.

Bemalte Styroporkugeln – Blumenstecker

Material:	Styroporkugeln in verschiedenen Größen, Holzspieße, verschiedene Farben, Fingerfarben oder Plakatfarben, Pinsel
Zeitaufwand:	30 bis 60 Minuten
Alter:	ab 2 Jahren

Die Styroporkugeln auf Holzspieße stecken. Jetzt können die Kugeln bemalt und gleichzeitig an den Spießen festgehalten werden.

Die Kugeln sehen schon einfarbig ganz schön aus, man kann verschiedene Planeten nachbilden oder einfach Streifen oder Punkte malen. In Gold, Silber oder Rot bemalt werden die Kugeln auch tolle Weihnachtsdekoration.

➡ **Praxistipp:** Die Blumenstecker sehen sehr schön in Töpfen von Zimmerpflanzen, die gerade nicht blühen, aus (Orchideen).

ℹ Diese Bastelarbeit übt die Feinmotorik Ihrer Kids. Lassen Sie die Kinder ruhig den Spieß **und** den Pinsel halten, so müssen sie die Bewegungen beider Hände koordinieren, wobei eine Hand als Haltehand dient. Ist Ihrem Kind dies noch nicht möglich, halten Sie den Spieß oder stecken Sie die Kugel mit dem Spieß schon zum Bemalen in einen Blumentopf mit fester Erde. Da die Oberfläche der Kugel nicht eben ist, müssen die Kinder den Pinsel ganz anders anpassen als beim Malen auf einem Blatt Papier.

Hexentreppe

Material:	verschiedenfarbige bunte dünne Papierstreifen (zum Beispiel Krepppapier oder buntes Schreibpapier), ca. 3 cm breit, Klebeband oder Alleskleber
Zeitaufwand:	20 Minuten
Alter:	ab 3 Jahren

Zwei Papierstreifen werden mit den Enden so übereinander gelegt, dass sie einen 90° Winkel bilden. Nun wird der untere Papierstreifen über den oberen Streifen gefaltet, so dass wieder ein 90° Winkel entsteht. Das wiederholt man mit den beiden Streifen abwechselnd bis die Papierstreifen aufgebraucht sind. Dann die Enden mit Klebeband oder ein wenig Alleskleber fixieren.

Man kann mehrere Ketten aneinanderkleben und damit lange Girlanden entstehen lassen. Die fertigen Hexentreppen dienen als selbstgemachte Partydekoration oder können zum weiteren Basteln verwendet werden.

Praxistipp: Krepppapier färbt ab und ist nicht einfach zu falten. Daraus gefaltete Girlanden sind aber sehr flexibel. Hexentreppen aus „normalem" Schreibmaschinenpapier sind eher starr und zum Basteln geeignet. Nimmt man zwei verschieden farbige Streifen Papier, fällt den Kindern das Falten leichter.,

Beim Basteln von Hexentreppen fördern Sie Ihren Nachwuchs im Bereich Feinmotorik. Sie werden feststellen, dass es kaum möglich ist, diese Faltarbeit mit nur einer Hand auszuführen – es bedarf vielmehr eines gut koordinierten Einsatzes beider Hände. Dabei muss Ihr Kind zwangsläufig die gedachte Körpermittellinie überkreuzen, was einen fördernden Einfluss auf seine Entwicklung hat. Um die Streifen zu falten, sind kleine, gut dosierte Fingerbewegungen notwendig, die eine Grundlage für die Schreibbewegungen bilden. Da die Streifen gerade ausgerichtet werden müssen, schulen die Kinder ihre Auge-Hand-Koordination.

Bemalte Steine

Material:	Steine in verschiedenen Größen, eine Bürste, Plakat- oder Acrylfarben, eventuell Klarlack, Pinsel
Zeitaufwand:	30 Minuten
Alter:	ab 2 Jahre

Zum Bemalen eignen sich Steine mit einer glatten Oberfläche und einer interessanten Form besonders. Die Steine sollten zunächst gründlich gewaschen und gebürstet werden. Danach müssen sie gut trocknen.

Acryl- oder Plakatfarben eignen sich zum Bemalen, möchte man besonders leuchtende Farben erzielen, sollte man die Steine vorher weiß grundieren.
Bei der Motivauswahl kann man sich von der Form des Steines inspirieren lassen und vielleicht ein Auto oder einen Marienkäfer malen. Oder man bemalt die Steine ganz abstrakt. Nachdem die Farbe getrocknet ist, sollte man die Steine noch mit einer Schicht farblosen Lacks schützen.
Besonders schön gelungene Exemplare kann man als Briefbeschwerer verwenden oder, wenn man an einen kleineren Stein einen Magnet anklebt, als Kühlschrankmagnete.

🛈 Das Bemalen von Steinen fördert die Feinmotorik Ihres Kindes. Es trainiert den Umgang mit dem Pinsel, seine Auge-Hand-Koordination, das Abstufen der Malbewegungen und die Umsetzung kreativer Ideen. Durch das Waschen der Steine und den Umgang mit ihnen wird außerdem die Wahrnehmung angeregt. Die Kinder spüren das Wasser und merken beim Hantieren mit den Steinen, dass diese unterschiedliche Oberflächen haben (vielleicht hat einer raue Stellen, der andere ist ganz glatt) und unterschiedlich schwer sind.

Papprollenbasteleien

Material:	leere Papprollen (von Toilettenpapier oder Küchenrolle) Klebeband, Fingerfarben, Wollreste, Locher, Pinsel
Zeitaufwand:	10 Minuten
Alter:	ab 2 Jahren

Fernglas:
Zwei Papprollen werden bemalt und dann mit Klebeband nebeneinander festgeklebt. Um ein Band zum Umhängen zu befestigen, kann man entweder einfach Klebeband benutzen oder mit einem Locher auf beiden Seiten ein Loch machen und das Band festknoten. Piraten können auch ein einzelnes Fernrohr aus einer langen Papprolle benutzen.

Trompete:
Eine einzelne lange Papprolle (von einer Küchenrolle) kann auch gut als Trompete oder Tröte verwendet werden. Am besten diese Rolle nicht bemalen, denn die Kinder führen sie zum Mund, wodurch die Rolle leicht speichelnass wird.

Kegelspiel:
9 bis 10 kleine Papprollen werden bemalt, mit Papierschnipseln oder mit buntem Tonpapier beklebt.
Diese Kegel können mit kleinen Bällen umgekegelt werden oder sie werden pyramidenartig gestapelt und dann es wird wie beim Büchsenwerfen darauf gezielt (Der Vorteil der Toilettenpapierrollenkegel ist, dass sie weder Schaden nehmen, noch verursachen und keinen Lärm machen.)

Autos, Häuser, Burgen, Flugzeuge, der Fantasie sind keine Grenzen gesetzt, lassen Sie die Kinder ruhig selbst ausprobieren.

Papprollenbasteleien unterstützen die feinmotorische Entwicklung Ihres Kindes. Sie enthalten Anteile aller klassischen Bastelschritte, wie malen, kleben und schneiden. Gerade Kinder, denen es schwer fällt kreative Ideen auf dem Papier wiederzugeben und die deshalb ungern malen, lassen sich zu solchen Basteleien leichter motivieren.

Seerosen

Material:	Papier, Schere, Buntstifte, Plastikbecher als Hilfsmittel, Wanne mit Wasser
Zeitaufwand:	15 Minuten
Alter:	ab 3 Jahren

Mit Hilfe des Bechers wird auf dem Papier ein Kreis vorgezeichnet. Dann zeichnet man rund um den Kreis Zacken, die wie Blütenblätter aussehen sollen. Anschließend wird die Seerose bemalt, das Innere des Kreises sollte besonders bunt bemalt sein. Schließlich die Seerose ausschneiden, kleinere Kinder brauchen dabei vielleicht etwas Hilfe. Die Blütenblätter werden nun nach innen zur Kreismitte hin gefaltet. Die Seerose ist fertig.

Legt man die Seerose nun auf eine Wasserfläche (egal ob Spülbecken, Eimer, Badewanne, Planschbecken oder Gartenteich), öffnen sich die Blütenblätter der Seerose und die bemalte Blume wird sichtbar.

ℹ️ Wenn Sie mit Ihren Kindern Seerosen basteln, fördern Sie sie in ihrer Feinmotorik. Die zu bemalende Fläche ist bei den Seerosen überschaubar, so dass Sie von Ihrem Kind ruhig verlangen können, diese sauber auszumalen. Da zum Ausschneiden der Blütenblätter nur gerade Schnitte nötig sind, können auch die Kleinen dies mit wenig Hilfe bewältigen. Beim Falten der Blütenblätter sollten die Kinder beide Hände einsetzen und schulen somit ihre Koordination.

Selbstgeklebte Bilderbücher

Material:	Papier oder ein Heft, Kataloge, Zeitschriften, Schere, Klebstoff
Zeitaufwand:	30 Minuten
Alter:	ab 2 Jahren

Für ein selbst geklebtes Bilderbuch schneidet das Kind aus Katalogen und Zeitschriften Dinge aus, die es gerne mag. Gehen Sie zusammen mit Ihrem Kind auf die Suche nach geeigneten Motiven in Werbebeilagen der Zeitung, in alten Zeitschriften. Dann wird ausgeschnitten. Anfangs können Sie Ihrem Kind ein wenig dabei helfen und ihm zeigen, wie es das Blatt in der Hand halten und drehen muss. Dann werden die ausgeschnittenen Bilder auf ein Blatt Papier oder in ein ausrangiertes Heft geklebt. Für die ersten Versuche mit Klebstoff eignet sich ein Klebestift besonders gut. Einzelne Blätter sollten Sie zusammenheften, so dass ein Buch entsteht und Ihr Kind darin blättern kann.

Praxistipp: Lassen Sie Ihr Kind niemals unbeaufsichtigt mit der Schere hantieren!
Manchmal bekommt man Gartenkataloge zugesendet. In diesen Katalogen sind Blumen und bunte Früchte abgebildet und sie eignen sich daher besonders gut für Schneideübungen.

Wenn Sie mit Ihrem Kind ein Bilderbuch basteln, geben Sie ihm die Möglichkeit, wichtige Bereiche der Feinmotorik zu beüben. Schon beim Umblättern der Kataloge braucht es einen differenzierten Griff mit fein abgestimmten Fingerbewegungen. Das Ausschneiden erfordert eine bimanuelle (beidhändige) Koordination und abgestufte Bewegungen. Ausschneiden und aufkleben gehören zu Fertigkeiten, die Ihr Kind im Kindergarten fast täglich brauchen wird.
Um den Wortschatz der kleinen Bastler zu vergrößern, benennen Sie die Bilder deutlich, sowohl beim Ausschneiden, als auch beim Aufkleben.

Selbst gemachtes Geschenkpapier

Material:	große Bogen weißes Papier oder Malpapierrolle, Wasser- oder Fingerfarben, Pinsel
Zeitaufwand:	ca. 30 Minuten
Alter:	ab 2 Jahren

Bereiten Sie einen Maltisch vor, der gut abgedeckt ist, die Kinder sollten Malkittel tragen. Auch eine Schüssel mit warmem Wasser und ein Handtuch in Reichweite sind sehr hilfreich.

Lassen Sie die Kinder mit den Farben experimentieren. Die ersten Versuche werden wahrscheinlich sehr intensive, fast schwarze Bilder ergeben. Hier einige Gestaltungsideen

Mit Fingerfarben:

Stellen Sie nur 2 Farben gleichzeitig bereit und achten Sie darauf, dass sich Ihr Kind die Hände in der bereitgestellten Schüssel wäscht, bevor es eine neue Farbe benutzt. Die Kinder tragen die Farben oft reichlich auf, dadurch brauchen die Gemälde lange zum trocknen. Allerdings kann man einen schönen Effekt erzeugen, wenn man das Papier faltet und so die Farbe verteilt. Manchen Kindern ist der Umgang mit Fingerfarben zunächst unangenehm. Erzwingen Sie nichts, bieten Sie dem Kind an, einen großen Pinsel zu benutzen. Lehnt das Kind auch das ab, stellen Sie die Farben beiseite und versuchen Sie es in ein paar Wochen noch einmal.

Mit Wasserfarben:

Außer einem Farbkasten benötigt man einen Becher mit Wasser (nehmen Sie einen breiten, flachen Becher, der nicht so leicht umgeworfen werden kann) und breite Pinsel.

Die Farben (auch hier am besten wenige benutzen) gut anrühren und dann den Pinsel sehr nass machen und die Farbe auf das Bild spritzen. Achtung: achten Sie unbedingt darauf, dass die Umgebung unempfindlich gegen Farbspritzer ist, sonst finden Sie noch nach Monaten kleine Farbreste an den unwahrscheinlichsten Stellen.

Beide Techniken ergeben sehr interessante, fast expressionistische Bilder. Oft arten solche Malnachmittage in Massenproduktion aus. Allerdings sind die Ergebnisse vielseitig verwendbar, zum Beispiel als individuelles Geschenkpapier. Bezieht man Schuhkartons, hat man einzigartige Aufbewahrungen für Fotos und andere Dinge. Die schönsten Exemplare sollten Sie aber aufhängen, vielleicht haben Sie noch einen alten Rahmen und ein Passepartout übrig, der Effekt der richtigen „Verpackung" für das Kinderbild ist erstaunlich.

ℹ️ Beim großflächigen Experimentieren mit Farben kommt es weniger auf das Ergebnis, als auf den Umgang mit Farben an. Stellen Sie daher Ihre Vorstellungen, wie das Papier aussehen könnte, hinten an und unterstützen Sie die Kinder in ihrem kreativen Tun. Umso früher Sie das Interesse der Kinder am Ausdruck mittels Papier und Farbe wecken, umso leichter fällt oft das Erlernen von Stifthaltung und Schreibbewegungen.

Kleisterbilder

Material:	Packpapier, Tapetenkleister, Fingerfarben, Kämme, Gabeln, Teigschaber, Eimer, Wasser
Zeitaufwand:	30 Minuten
Alter:	ab 3 Jahren

In einem Eimer wird wenig Tapetenkleister angerührt und dann gleichmäßig auf einem Bogen Packpapier verteilt. Auf den Kleister dann einige Kleckse Fingerfarbe geben und mit einem Kamm oder anderem Werkzeug verteilen. Dabei entstehen tolle Muster.

Praxistipp: Für Kleisterbilder sollten Sie unbedingt Packpapier verwenden, anderes Papier wird durch den Kleister zu leicht durchgeweicht.

Die Herstellung von Kleisterbildern ist ebenfalls eine Möglichkeit, großflächiger zu gestalten, ohne eine bestimmte gestalterische Vorgabe einhalten zu müssen. Es gibt kein „rausmalen" und kein „das kann man nicht erkennen" – somit ist feinmotorisches Üben ohne Druck möglich. Die Farben werden auf dem Kleister mit unterschiedlichen Werkzeugen verteilt, die das Kind immer je nach Form, Größe und Gewicht greifen muss. Dabei erprobt es neue Griffformen und Bewegungsmuster.

Eine Variante ohne Tapetenkleister:

Gekämmte Gelbilder

Material:	Acrylfarbe, Haargel, kleine Behälter, Pinsel, Kämme, Papier
Zeitaufwand:	30 Minuten
Alter:	ab 3 Jahren

Mischen Sie Gel und Farbe in kleinen Behältern, dann die Farbmischung mit einem breiten Pinsel auf ein Blatt Papier auftragen und mit Kamm oder auch mit den Fingern Muster zeichnen. Trocknen lassen und eventuell glatt pressen.

Diese Gelbilder eignen sich als selbst gemachtes Geschenkpapier oder um Schuhschachteln zu beziehen. Vielleicht haben Sie auch ein gerahmtes Bild mit Passepartout, das Ihnen nicht mehr gefällt. Denn mit Rahmen und Passepartout werden die Werke Ihrer Kinder zu abstrakten Kunstwerken.

ⓘ Die Gel-Bilder fördern die Feinmotorik Ihres Kindes. Es trainiert seine Auge Hand Koordination und kommt dabei schnell zu einem Erfolgserlebnis, da genaues Arbeiten nicht so wichtig ist. Diese Art zu malen ist daher gut geeignet, um auch schon den Kleinen eine Möglichkeit zu geben, sich künstlerisch zu betätigen.

Knüllpapierbilder

Material:	ein Stück Karton oder festes Papier, dünnes, buntes Papier (Krepp, Seidenpapier, Transparentpapier), Schere und Bleistift, Klebestift
Zeitaufwand:	20 bis 30 Minuten
Alter:	ab 2 Jahren

Zeichnen Sie auf ein Stück Karton eine einfache Vorlage, zum Beispiel einen Stern, einen Baum, ein Haus, einen Kreis und schneiden Sie die Vorlage aus. Reißen Sie aus dünnem Papier kleine Stücke und rollen Sie sie zu kleinen Kugeln. Danach werden die geknüllten Kügelchen auf die Kartonvorlage geklebt. Dabei sollten Sie darauf achten, dass immer nur ein Teil des Kartons mit Kleber bestrichen und diese dann beklebt wird. Andernfalls trocknet der Klebstoff zu schnell ein und die Kügelchen halten nicht. Zuletzt kann mit einer spitzen Nadel ein kleines Loch zum Aufhängen in das Kunstwerk gestochen werden.

ⓘ Knüllpapierbilder werden in ergotherapeutischen Praxen gerne zum Training der Feinmotorik eingesetzt. Die Bewegungen der Finger, die das Kind beim Knüllen macht, sind einer Schreibbewegung sehr ähnlich. Etwas ältere oder geübte Kinder sollten dazu das Papier nur in einer Hand zerknüllen. Durch den Widerstand des Papiers wird Ihr Kind zwangsläufig auch die Fingerkraft beüben.

Leimbilder

Material:	Dekomaterial (Zuckerstreusel, Gewürze, Konfetti, Glitzer, Backblech, Papier (Größe DIN A4), Klebstoff
Zeitaufwand:	30 Minuten
Alter:	ab 3 Jahren

Auf einem Backblech werden verschiedene Dekomaterialien arrangiert. Zum Beispiel eignen sich farbige Gewürze, bunter Dekosand, Konfetti, Glitzer und, wenn man farbiges Papier verwendet, auch Babypuder.

Dann werden die Hände gewaschen und gut getrocknet. Mit Klebstoff wird auf einem Blatt Papier eine Zeichnung angefertigt. Danach wird das Blatt, mit der klebenden Seite nach unten, in das Dekomaterial im Backblech gedrückt. Einige Sekunden warten und dann vorsichtig das Blatt herausheben. Eventuell muss das Blatt leicht abgeklopft werden, um überschüssiges Material zu entfernen. Noch ein bisschen trocknen lassen.

Praxistipp: Verwenden Sie lieber keine scharfen Gewürze. Die Kinder verteilen die Gewürze mit den Fingern auf dem Backblech und schon kleine Verletzungen an den Fingern können dann sehr schmerzhaft sein. Außerdem führen kleine Kinder die Finger häufig zum Mund.

Beim Arrangieren des Deko-Materials auf dem Backblech trainieren die Kinder ihre Feinmotorik und taktile Wahrnehmung. Es müssen gezielte Bewegungen ausgeführt werden, um alles an seinen Platz zu bringen. Dabei muss unter Umständen sehr sorgfältig und bedächtig gearbeitet werden, da zum Beispiel Glitzerpulver schnell aufstäubt. Jedes Material hat eine unterschiedliche Konsistenz: Zimt ist weicher als Salz, die Konfettischnipsel sind durch ihre Größe besser spürbar.
Ein Bild mit Klebstoff zu malen, erfordert eine gute Auge-Hand-Koordination. Es hilft Ihrem Kind, wenn Sie zusammen eine Skizze anfertigen, so dass es Linien gibt, die es mit dem Klebstoff nachspuren kann. Durchsichtigen Klebstoff auf weißem Papier zu erkennen, erfordert ein hohes Maß an Konzentration.

Handabdrücke

Material:	Fingerfarben, Papier, eine Schüssel mit lauwarmem Wasser und ein Handtuch, Pinsel
Zeitaufwand:	30 Minuten
Alter:	ab 2 Jahren

Die Hand wird mit Fingerfarben eingestrichen, wenn man einen Pinsel benutzt, kitzelt es, mit einer Rolle fühlt man sanften Druck. Dann wird die Hand fest auf ein Papier gedrückt. Hand abwaschen und mit einer anderen Farbe wiederholen.

Auf diese Weise kann man Bilder herstellen, die man aufheben und mit dem aktuellen Datum versehen sollte. Sie können das jährlich wiederholen, dann sieht Ihr Kind, wie seine Hand wächst.

Man kann aber auch nettes Geschenkpapier mit Handabdrücken herstellen oder die Gemälde, wenn die Fingerfarbe getrocknet ist, mit Wachsmalkreiden oder Filzstiften weiter bearbeiten. Auf diese Weise entstehen Tiere, Männchen mit zu Berge stehenden Haaren oder auch Blumen.
Eine Variante für draußen oder das Badezimmer sind Fußabdrücke.

Oder Sie nehmen Körpermalfarben und Papier mit ins Badezimmer und machen Abdrücke von allen möglichen Körperteilen.

ℹ Das Herstellen von Handabdrücken fördert die Feinmotorik und die Wahrnehmung Ihres Nachwuchses. Beim Auftragen der Farbe spürt das Kind einen taktilen Reiz an der besonders sensiblen Handinnenfläche. Variieren Sie ruhig zwischen verschiedenen Pinseln, Rollen oder tragen Sie die Farbe auch mal mit Ihren eigenen Fingern auf. Für kleine Kinder kann es schon eine Herausforderung sein, die Hand flach und gleichmäßig auf das Papier zu bringen und die auch beim Abheben nicht zu bewegen. Führen Sie eventuell die Bewegung und geben Sie sanften Druck auf die Hand Ihres Kindes.

Zaubern mit Wachsmalkreiden

Material:	Papier, Wachsmalkreide, Wollreste, Blätter, Grashalme
Zeitaufwand:	15 Minuten
Alter:	ab 2 Jahren

Wollreste, Blätter oder Grashalme werden unter ein Papier gelegt. Wenn man mit großen Strichen mit der Wachsmalkreide über das Papier fährt, so erscheint – wie von Zauberhand – der Abdruck der darunter liegenden Struktur. Lassen Sie die Kinder das zunächst selbst einige Male ausprobieren. Später werden die Kinder Spaß daran haben, das Experiment anderen vorzuführen, vor allem, wenn man zuvor nicht erwähnt, was unter dem Papier liegt.

Als Variante kann man mit Wollresten kleine Figuren legen und diese durchpausen.

ℹ Diese Zauberei stellt für die Kinder eine große Motivation dar, deshalb merken sie gar nicht, dass sie dabei ihre Feinmotorik trainieren. Um an der richtigen Stelle die Wachsmalkreise aufzutragen, muss das Kind den untergelegten Gegenstand durch das Papier hindurch ertasten. Die Kreide muss nun mit dosiertem Druck über das Papier geführt werden, da der Effekt nahezu verschwinden kann, wenn zu stark aufgedrückt wird.

Einfacher Kartoffeldruck

Material:	Papier, Fingerfarbe, Kartoffeln, Ausstechförmchen, ein scharfes Gemüsemesser, Pinsel
Zeitaufwand:	30 Minuten
Alter:	ab 2 Jahren

Mit Kartoffeln kann man die einfachsten Drucke herstellen. Zunächst halbiert man die Kartoffel. Um einen quadratischen Stempel zu erhalten, schneidet man die vier seitlichen Teile ab. Für einen Stern oder ähnliches drückt man ein Ausstechförmchen fest in die Kartoffel und schneidet ringsherum die Kartoffel vorsichtig weg. Die Stempelform sollte mindesten einen halben Zentimeter hervor stehen, damit der Abdruck gut gelingt.

Mit den Stempeln und verschiedenen Farben kann man schöne Bilder herstellen.

ℹ Kartoffeldruck ist eine Möglichkeit, die Feinmotorik der Kinder zu beüben. Die Kartoffeln sind so groß, dass auch kleine Kinderhände sie gut greifen können. Das erleichtert das Hantieren mit den Stempeln und regt die Kinder zur vermehrten Handöffnung an, die später beim Arbeiten mit dem Stift wichtig ist. Um ein schönes Stempelergebnis zu erzielen, müssen die Kids die Kartoffel gleichmäßig auf das Papier aufsetzen und dürfen nicht zu stark nachdrücken, da sie sonst wegrutscht. Ist das Aufsetzen des Stempels noch zu schwer, kann aber mit den Kartoffeln auch gemalt werden. Wichtig ist, dass die Kinder Freude am kreativen Tun entwickeln.

8. Werken mit Holz, Stein, Stoff – Meiner Hände Arbeit

Arbeiten mit Speckstein

Material:	Specksteine, verschiedene Raspeln, Schleifpapier mit verschiedener Körnung, Schleifschwamm, Polierwachs oder –öl. Einfache Specksteinsets, in denen sowohl Specksteine für mehrere Arbeiten als auch das benötigte Werkzeug enthalten sind, sind im Bastelgeschäft oder im Versandhandel ab ca. 15,– Euro erhältlich. Es gibt aber auch schon vorgeformte Steine, meist als Tierfiguren.
Zeitaufwand:	1-2 Stunden
Alter:	ab 3 Jahren

Specksteine sind besonders weiche und daher gut zu bearbeitende Steine, die es in verschiedenen Farben gibt. Bei der Bearbeitung entsteht ein feines Gesteinspulver, daher empfiehlt es sich, in einem gut belüfteten, leicht zu reinigenden Werkraum oder im Freien zu arbeiten. Decken Sie den Tisch mit einer Wachsdecke ab und achten Sie auf leicht zu reinigende Kleidung.

Praxistipp: Wenn Sie zum Arbeiten ein feuchtes Baumwolltuch direkt unter das Werkstück legen, wird der Staub gebunden und ist leichter zu entsorgen.

Zunächst wird der Stein mit den Raspeln in die gewünschte Form gebracht, danach erst mit dem groben Schleifpapier, dann mit immer feinerem Schleifpapier geschliffen. Die Reihenfolge der Körnung beim Schleifpapier ist 80, 120 und dann 240, diese Zahlen sind auf der Rückseite des Papiers vermerkt. Wenn alle Spuren des Raspelns beseitigt sind, wird mit dem Schleifschwamm und Wasser der Feinschliff erledigt. Danach sollte sich das Werkstück ganz glatt anfühlen. Wenn der Stein wieder getrocknet ist, wird er mit Politur oder Öl und einem trockenen Tuch (Küchenrolle) poliert.

Achten Sie beim Raspeln darauf, wie die Kinder die Raspel in die Hand nehmen. Sowohl Stein als auch Raspeln müssen gut festgehalten werden. Da die Werkzeuge beidseitig zu benutzen sind, also auch hinten eine Raspel haben, sollten Sie darauf achten, dass das Werkzeug seitlich, also vom Körper weg, gehalten wird. Das Verletzungsrisiko ist grundsätzlich gering, aber man kann sich mit den Raspeln in die Finger ritzen. In den Steinen können sich harte Steinadern befinden, die nicht einfach zu bearbeiten sind. Für kleine Kinder und Anfänger sollten die Steine nicht zu klein und am besten kompakt sein, damit nicht ungewollt ein Stück abbricht.

Die Gestaltungsmöglichkeiten sind vielfältig: Herzen, Tierfiguren, Briefbeschwerer, Kerzenhalter, Schmuckstücke etc. Gerade bei kleineren Kindern und Kindern, die zum ersten Mal mit Speckstein arbeiten, kann das Ziel aber auch schon sein, eine Seite des Steins ganz glatt zu machen. Erklären Sie zu Beginn alle benötigten Arbeitsschritte, damit die Kinder einen Überblick bekommen. Erfahrungsgemäß beschäftigen sich Kinder ab 5 Jahren, die Spaß an der Arbeit mit Speckstein gewonnen haben, gerne über mehrere Stunden mit ihrem Werk.

Praxistipp: Viele Specksteine erscheinen im unbearbeiteten Zustand grau und entfalten ihre Schönheit erst nach der Politur. Um einen Hinweis auf die Farbe Ihres Steines zu bekommen, tauchen Sie den Stein in Wasser.

Benedikt, 3 Jahre: *„Ich mach am liebsten Staub in verschiedenen Farben!"*

Das Arbeiten mit Speckstein ist eine gute Möglichkeit, um die Feinmotorik Ihres Kindes zu schulen. Beim Bearbeiten trainiert Ihr Nachwuchs seine Auge-Hand-Koordination und die Dosierung der benötigten Kraft. Die Kinder bauen Spannung auf und entwickeln so langfristig mehr Kraft in den Händen. Da sich der Speckstein leicht bearbeiten lässt, sehen die Kinder schnelle Erfolge und haben so Erfolgserlebnisse. Durch den Umgang mit Werkzeugen erweitern sie ihr Allgemeinwissen. Wollen die Kids eine bestimmte Figur entstehen lassen, müssen sie ihre Handlungsschritte genau planen und immer wieder überprüfen.

Bunte Wachsanhänger

Material:	leere Joghurtbecher, verschiedene bunte Kerzen, Nadel, Faden zum Aufhängen, Tablett oder flache Schale, Ausstechförmchen
Zeitaufwand:	10 bis 90 Minuten
Alter:	mit Hilfe ab 3 Jahren

Die Becher mit kaltem Wasser befüllen, eine Kerze anzünden und das Wachs in den Joghurtbecher tropfen lassen. Die Tropfen erstarren und verbinden sich allmählich zu einer Platte. Zum Schluss mit einer erwärmten Nadel ein Loch zum Aufhängen einstechen.

Die Platten sehen besonders interessant aus, wenn man mehrere Farben benutzt. Zum Löschen der Kerzen am besten einen weiteren Becher mit Wasser bereitstellen.

Will man weihnachtliche Anhänger machen, dann legt man Plätzchenausstecher auf ein Backblech, in das man ein wenig Wasser gegossen hat. Die Formen möglichst genau mit dem Wachs auskleiden und dann ein paar Minuten erkalten lassen. Danach den Anhänger vorsichtig aus der Form drücken.

🟢 **Praxistipp:** Das ist eine sehr ruhige Beschäftigung, bei der Geduld gefragt ist, andererseits ist sie aber durch den Umgang mit der brennenden Kerze sehr spannend. Dadurch ist diese Bastelarbeit gut für einen verregneten Nachmittag oder auch für Kinder, die sich nach einer Krankheit noch ruhig verhalten sollen, geeignet.

🟠 Kilian: „Eigentlich ist das ein bisschen langweilig, aber wenn man das macht, bekommt man ein sehr schönes Ergebnis und darum mache ich es gern. Ich höre gerne ein Hörspiel dabei."

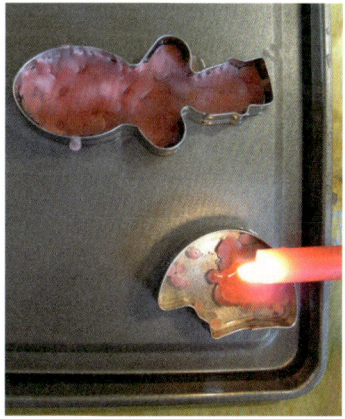

Mit der Herstellung von Wachsanhängern fördern Sie Ihr Kind im Bereich Feinmotorik und Kognition. Die Kinder werden versuchen, das Wachs Tropfen neben Tropfen zu platzieren und müssen dazu ihre Arm- und Handbewegungen steuern. Sie können vorsichtig darauf einwirken, dass die Kinder die Kerze ähnlich wie einen Stift greifen. Achten Sie darauf, dass die Kerze nicht im Faustgriff gehalten wird. Die etwas langwierigere Beschäftigung trainiert außerdem Ausdauer, Frustrationstoleranz und Konzentration. Älteren Kindern können sie nebenbei erklären, warum das Wachs erst flüssig und dann wieder fest wird.

Rosinenkränzchen

Material:	Blumendraht, Rosinen, Cranberries
Zeitaufwand:	30 Minuten
Alter:	ab 2 Jahren

Rosinen und Cranberries werden auf ca. 10 cm lange Stücke Blumendraht aufgefädelt. Danach wird der Blumendraht zu einem Kranz gebogen.

Da der Blumendraht steif und die Rosinen sehr weich sind, ist diese Bastelarbeit ein guter Einstieg in das Auffädeln. Die fertigen Kränzchen können als Herbst- oder Weihnachtsdeko Verwendung finden.

Benedikt: *„Ich esse die Rosinen alle auf!"*

Das Basteln von Rosinenkränzchen trainiert die Auge-Hand Koordination. Die über das Auge aufgenommene Information muss dabei mit der Bewegung der Hand und Finger abgestimmt werden. Zudem verbessern die Kinder ihre Fingerbewegungen und das Dosieren des Kraftaufwandes. Da die Kinder in der einen Hand die Rosine und in der anderen Hand den Draht halten, beüben sie die Koordination beider Hände.

Herbstcollage

Material:	4 kurze Stöcke, Schnur, verschiedene Dinge aus der Natur, zum Beispiel Blätter, Federn, Eicheln,
Zeitaufwand:	60 Minuten
Alter:	ab 3 Jahren

Zunächst baut man aus den vier Stöcken und der Schnur einen Rahmen. Dann wird die Schnur längs immer wieder über den Rahmen gespannt, so dass ein Webrahmen entsteht. Der Abstand zwischen den gespannten Schnüren sollte 2 bis 3 cm betragen. Lassen Sie die Kinder ruhig beim Rahmenbau mit anfassen und beim Spannen der Schnüre helfen.

Mit diesem Webrahmen können die Kinder im Wald auf Entdeckungsreise gehen und Fundstücke einfach einklemmen oder auch zu Hause die gefundenen Sachen einweben.
Sehr schön sind Federn, bunter Blätter, kleine Zweige und Blumen.

Mit der Herstellung einer solchen Herbstcollage verbessert Ihr Kind seine Feinmotorik. Es muss mit beiden Händen gleichzeitig arbeiten, um den Rahmen zu halten und gleichzeitig die Schnüre zu spannen. Dabei setzt es viel Kraft ein.
Wenn die Kids nun Fundstücke einweben wollen, trainieren sie ihre Auge-Hand-Koordination, differenzierte Fingerbewegungen und ihre motorische Planung. Sie müssen sich Lösungsstrategien einfallen lassen, da sich nicht jedes Objekt auf die gleiche Art und Weise befestigen lassen wird.

Zweige, Stöcke, Wurzeln

Material:	Zweige und Stöcke, Sandpapier, Fingerfarben, eventuell Klarlack, Pinsel
Zeitaufwand:	30 bis 60 Minuten
Alter:	ab 2 Jahren

Zweige ab einem Durchmesser von 2 cm von der Rinde befreien und eventuell mit Sandpapier glatt schleifen. Am besten eignen sich Stöcke, die schon getrocknet sind.

Die Stöcke können mit Fingerfarben nach Belieben bemalt werden. Mit weißer Farbe kann man die Stöcke grundieren, dann leuchten die Farben besonders schön. Nach dem Trocknen sollten Sie die Kunstwerke mit Acrylklarlack lackieren, damit sie wetterfest werden und die Farben nicht so schnell verblassen.

→ **Praxistipp:** Solche bemalten Stöcke kann man im Garten als Skulpturen aufstellen, sie können aber auch als Basis für ein Mobile dienen. Hängen Sie Muscheln, Perlen, weitere Stöcke und Ästen mit Schnüren oder Wollfäden an den Stock. Oder Sie setzen die Stöcke als Dekoration für einen geschmückten Tisch ein.

ℹ Das Bemalen von Stöcken und Wurzeln unterstützt die Entwicklung der Feinmotorik. Wenn der Ast keine scharfen, hervorstehenden Teile hat, können die Kinder ihn selbst von der Rinde befreien und ihn mit Sandpapier glatt schleifen. Eine schöne Tätigkeit, die den Einsatz beider Hände erfordert. Beim Bemalen können die Kinder kreativ tätig werden, es gibt kein „richtig oder falsch". Wenn Sie die Äste in Dekorationen einbinden oder als Skulptur im Garten ausstellen, fördern Sie das Selbstbewusstsein Ihres Kindes: wer erlebt nicht gern, dass seine Arbeit wertgeschätzt wird.

Zupfinstrumente mit Hammer und Nagel

Material:	kleine Holzreste, am besten weiches Holz wie Kiefer oder Fichte verwenden, Hammer, Nägel, Haushaltsgummiringe
Zeitaufwand:	30 bis 60 Minuten
Alter:	ab 2 Jahren, mit Hilfe

In eine Holzleiste werden zwei Reihen Nägel (mindestens 4 Stück) eingeschlagen. Die Nägel sollten feststecken, aber zum überwiegenden Teil herausragen. Achten Sie darauf, dass die Nägel nicht durch das Holzstück geschlagen werden, so dass unten die Spitze zu sehen ist. Mit einem Holz- oder Kinderhammer und großen Nägeln können schon kleine Kinder hier selbst Hand anlegen.

Sind genügend Nägel eingeschlagen (das sollte das Kind entscheiden), dann werden zwischen die Nägel Gummiringe gespannt. Je nachdem, wie weit der Gummi gespannt ist und welche Farbe und Größe er hat, klingen die Gummibänder höher oder tiefer. Es gibt unterschiedliche Töne, wenn man zupft oder über die Bänder streicht.

Kinder, vor allem Jungs, sind fasziniert vom Umgang mit Hammer und Nagel. Dass sie bei dieser handwerklichen Tätigkeit ihre Feinmotorik trainieren, wird ihnen gar nicht bewusst. Das Einschlagen der Nägel erfordert eine bimanuelle (beidhändige) Koordination, da Nagel und Hammer gehalten werden müssen. Das zielgenaue Treffen des Nagels gelingt bei guter Auge-Hand-Koordination. Sollte Ihr Kind noch unsicher sein, können Sie ihm anfangs den Nagel mit einer spitzen Zange halten. Trifft es den Nagel zuverlässiger, kann es selbst die Zange halten und den Nagel so fixieren – ein einfacher Trick, um die Finger vor Verletzungen zu schützen. Natürlich erfordert das Einschlagen Kraft, aber auch Kraftdosierung, da die Nägel nicht völlig eingeschlagen werden sollen.

Kette aus Büroklammern

Material:	Büroklammern, buntes Papier, Klebeband
Zeitaufwand:	10 Minuten
Alter:	ab 3 Jahren

Büroklammern lassen sich sehr einfach aneinanderreihen, indem man die Klammern ineinander fädelt. Umwickelt man die Büroklammern anschließend mit buntem Papier oder buntem Klebeband, gibt das einen hübschen Effekt.

ⓘ Das Ineinanderhaken der Büroklammern erfordert eine bereits etwas geschulte Feinmotorik. Es kommen beide Hände zum Einsatz und die Finger müssen isoliert bewegt werden.

Windlicht

Material:	ein Glas, dessen Boden groß genug ist, um ein Teelicht aufzunehmen, Klebstoff, Glitter und Flimmer, Schmucksteine, kleine Mosaiksteine, Pailletten, Haarspray zum Fixieren, kleine Kerze oder Teelicht
Zeitaufwand:	30 Minuten
Alter:	ab 3 Jahren

Die Gläser sollten sauber, trocken und möglichst fettfrei sein. Zuerst einen ca. 1cm breiten Streifen Klebstoff auftragen. Dann können die Kinder Dekomaterial auf den klebenden Streifen streuen. Leicht antrocknen lassen und dann den nicht klebenden Glitter entfernen (durch Pusten oder leichtes Schütteln). Dann einen weiteren Streifen mit Klebstoff einstreichen und wieder dekorieren. Man kann auch mit den Klebstoff malen oder schreiben.

Nachdem die Gläser fertig sind, sollte der Klebstoff vollständig austrocknen. Danach kann man alles noch mit Haarspray fixieren.

Praxistipp: Kinder lieben die Arbeit mit den glitzernden Gold- und Silberglitterteilchen. Obwohl man nur wenig Dekomaterial braucht, landet immer einiges

davon auf Tischen, Stühlen und Fußboden und verteilt sich dann blitzschnell in der ganzen Wohnung. Am besten saugen Sie den Arbeitsplatz sofort nach der Bastelei und entfernen die Reste mit breitem Klebeband: Reißen Sie ca. 30 cm lange Streifen ab und kleben Sie diese immer wieder auf Tisch, Boden oder wo immer die Glitzerteilchen sich befinden. Ganz so, wie Sie es vielleicht schon von den Kriminaltechnikern im Fernsehen gesehen haben! Lassen Sie die Kinder helfen!

ⓘ Ein Windlicht anzufertigen, ist eine feinmotorische Übung, zu der sich die Kinder durch den Glitzeranteil leicht motivieren lassen. Es werden dabei die Auge-Hand-Koordination, das Abstufen der Bewegungen, der koordinierte Einsatz beider Hände und differenzierte Fingerbewegungen trainiert.

9. Gekauftes Spielzeug – Sinn-volle Investitionen

Rollbrett

Material:	Rollbrett aus dem Handel (ab ca. 20,– Euro) oder Pflanzenroller bzw. Möbeltransportrollen, möglichst mit Griffschlitzen; ruhige Straße, Terrasse oder Zimmer mit glattem, robustem Bodenbelag
Zeitaufwand:	5 – 25 Min ja nach Spiel
Alter:	ab 2 Jahren

Die 3 goldenen Rollbrett-Regeln:

▪ Nie auf das Rollbrett stellen, sondern auf den Bauch legen oder knien.
  Das Rollbrett ist kein Skateboard!
▪ Seitlich Schwung holen und immer auf die Finger achten,
  damit das Kind nicht über seine Finger rollt.
▪ Auf ausreichend Platz achten. Die Umgebung muss eben
  und ungefährlich sein.

Sind mehrere Kinder auf Rollbrettern unterwegs, lassen Sie die Kinder nicht unbeaufsichtigt. Sollten zwei Rollbretter aneinander stoßen, besteht die Gefahr, dass sich ein Kind die Finger quetscht. Die Kleidung sollte sportlich sein, ohne Kapuzen oder lange Bänder. Lange Haare am besten hochbinden. Bei Nichtbenutzung das Rollbrett umdrehen.

Spielmöglichkeiten:
Fahrten im Parcours (zum Beispiel mit Straßenkreide auf den Hof gemalt, mit Tunnels aus Stühlen, Slalomstrecken zum Beispiel aus Steinen oder Hütchen),
Transportfahrten (Lassen Sie die Kinder experimentieren: wie kann man Gegenstände auf dem Rollbrett transportieren? Auf dem eigenen Rücken, vor sich liegend, indem man das Rollbrett schiebt oder zieht; zum Transportieren eignen sich mit verschiedenen Materialien gefüllte, zugenähte Waschlappen)
Ziehen oder gezogen werden (Die meisten Rollbretter haben ein Loch an einer Frontseite, hier kann man ein Seil anbinden und ein Kind auf dem Rollbrett ziehen. Ganz wichtig ist, dass ein klares Startsignal vereinbart wird, damit das Rollbrett niemals überraschend gezogen wird, wenn das Kind noch nicht darauf vorbereitet ist.

ⓘ Mit diesem Spiel fördern Sie Ihr Kind im Bereich Grobmotorik. Beim Schwung holen mit beiden Armen schulen die Kinder ihre Koordination und lernen zugleich, adäquat Kraft einzusetzen. Das Gleichgewichtssystem der Kinder wird ebenfalls angeregt, da sie vestibuläre Reize im Sinne einer linearen Beschleunigung erfahren.

Um sicher auf dem Rollbrett zu liegen, müssen die Kids ein gewisses Maß an Körperspannung aufbauen und die Informationen, die sie über Augen und Gelenkstellungen aufnehmen, verarbeiten. Sobald sie spüren, dass der Oberkörper zu weit vom Brett ragt, müssen sie ihre Position korrigieren, um nicht hinunterzufallen.
Vielleicht fällt es den Kids anfänglich noch schwer, den Kopf hoch zu halten, um in Fahrtrichtung blicken zu können. Aber mit ein bisschen Übung werden die kleinen Fahrer bald immer mehr Kraft entwickeln.

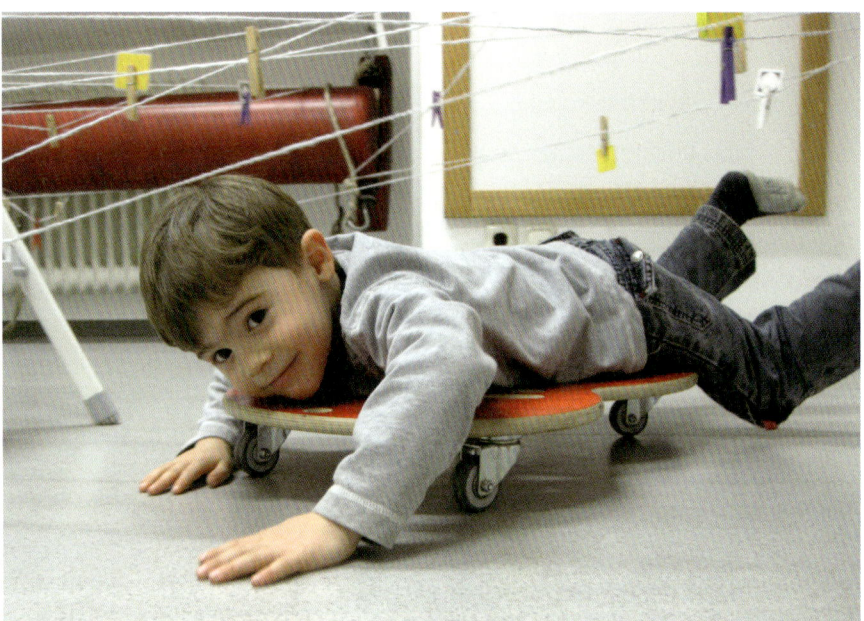

Memo Spiele

Material:	Memospiel aus dem Spielwarenladen, zum Beispiel Memory in vielen Varianten (gibt es von verschiedenen Herstellern)
Zeitaufwand:	15 bis 30 Minuten
Alter:	ab 2 Jahren

Memory ist ein bekanntes Gesellschaftsspiel bei dem es darum geht, Paare gleicher, verdeckt liegender Kärtchen durch Aufdecken zu erkennen.

Memo-Spiele gibt es von verschiedenen Herstellern und zu den unterschiedlichsten Themen zum Beispiel Tiere, Kinderfilm-Figuren, Natur oder Technik. Etwas anspruchsvoller sind die Gedächtnisspiele, wenn nicht nur nach gleichen Bildpaaren, sondern auch nach Zusammenhängen gesucht werden muss (zum Beispiel Hase und Karotten, oder farbiges Bild und Schattenabbild). Mit kindlichen, klar zu erkennenden Motiven auf Stoff-Kärtchen gedruckt, sind die Memo-Spiele auch schon für 2-jährige Kinder geeignet (zum Beispiel Ravensburger ministeps).

Beispiele: Im Verlag Ravensburger zum Beispiel Mein erstes Memory, Kinder Memory Mitbringspiel, Tierkinder
Im Verlag Selecta zum Beispiel Memo Primo, Memo Zoo

Memory ist ein klassisches Gedächtnisspiel, bei dem die Kinder oft besser abschneiden als die Erwachsenen. Jede aufgedeckte Karte muss angesehen und ihre Lage und ihr Motiv gemerkt werden, um sie später gezielt wieder finden zu können. Um sich die Motive merken zu können, brauchen die Kids eine gute Aufmerksamkeitsleistung (wer nicht zuschaut, wenn aufgedeckt wird, weiß später nicht, wo das Bildkärtchen liegt). Zudem werden Ausdauer, Frustrationstoleranz und soziale Fähigkeiten wie gewinnen, verlieren und abwarten können gefördert.

Konstruktives Spiel wie zum Beispiel Lego Duplo

Material:	Steck-Bausteine, zum Beispiel von der Marke Lego
Zeitaufwand:	5 Minuten bis 2 Stunden
Alter:	ab 2 Jahren

Die herkömmlichen Lego Steine sind für Kinder unter 3 Jahren nicht geeignet, da Kleinteile verschluckt werden könnten, deshalb wurde 1969 das Duplo-System eingeführt. Die Duplo Steine sind im Maßstab 2:1 vergrößerte Lego-Steine, was auch den Namen erklärt (lateinisch *duplo* = deutsch *doppelt*). Es handelt sich um ein Baukastensystem, bei dem bunte Kunststoffklötzchen zu fast allen erdenklichen Dingen zusammengesetzt werden können.

Zum Duplo-System gehören **Grundbausteine** (meist rechteckige oder quadratische Steine), **Bauplatten** und thematisch vielfältige **Sets** (zum Beispiel Baustelle, Feuerwehrstation, Zirkus, Zoo oder Bauernhof). Alle Elemente sind untereinander kombinierbar, farbenfroh und kaum zu beschädigen.

Die Beschäftigung mit Bausteinen fördert die feinmotorischen Fähigkeiten Ihres Nachwuchses. Jungs und Mädels trainieren dabei das gezielte Greifen, ihre Auge-Hand-Koordination und den koordinierten Einsatz beider Hände. Die bunten Farben und Formen regen die Kognition (Farb- und Formerkennung) ebenso an, wie die Kreativität. Die thematisch gegliederten Sets ermöglichen Rollenspiele. Diese erlauben es Ihrem Kind, verschiedene Situationen spielerisch auszuprobieren, indem es unterschiedliche Rollen annimmt, Gefühle auszudrücken, die Interaktion mit anderen Menschen und den Beziehungsaufbau zu lernen und seine Kommunikationsfähigkeit auszubauen.

Verschiedene Bälle

Material:	handelsübliche Bälle
Zeitaufwand:	5 Minuten bis 1 Stunde
Alter:	ab 2 Jahren

Bälle gibt es in einer Vielzahl unterschiedlicher Arten, Größen und Qualitäten. Es gibt Weichschaumbälle, Gymnastikbälle, Igelbälle / Noppenbälle, Fußball, Pezzibälle, Gummibälle, Zeitlupenball, Stachelball, Klangball / Glockenball, Tennisball und viele mehr. Um ein geeignetes Spielgerät für Kinder zu sein, sollte der Ball nicht zu hart und weder zu groß, noch zu klein sein, damit das Kind gut damit hantieren kann.

Spielmöglichkeiten:

Werfen: von einem Mitspieler zum anderen, bei mehreren Mitspielern empfiehlt es sich, im Kreis zu stehen. Der Abstand sollte so gewählt werden, dass der Ball zielsicher geworfen und gefangen werden kann.

Rollen: von einem Mitspieler zum anderen, am Boden sitzend zwischen den gegrätschten Beinen, stehend zwischen den Beinen hindurch; größere Bälle kann man rollen, indem man nebenher geht.

Prellen: anfangs mit beiden Händen, später erst mit der dominanten, dann mit der nicht dominanten Hand oder im Wechsel; im Stand oder in Bewegung

Dagegen werfen: den Ball gegen eine Mauer werfen und wieder fangen, dabei langsam den Abstand vergrößern oder einen kleineren Ball ausprobieren; vor dem Fangen einmal am Boden aufkommen lassen

Ziel werfen: ein Ziel auswählen und versuchen es zu treffen (zum Beispiel mit Straßenkreiden ein Kreuz an das Garagentor oder einen Kreis auf den Boden malen)

Hineinwerfen: den Ball in einen Eimer oder ein anderes Gefäß werfen

Transportieren: den Ball auf einer Handfläche tragen, in beiden Händen halten, über dem Kopf, hinter dem Rücken, unter das T-Shirt gesteckt, zwischen den Knien ...

Schießen: den Ball mit dem Fuß schießen, dabei stehen oder mit Anlauf zielen

Schlagen: mit Hilfe eines Schlägers (Tennisschläger, Hockeyschläger, Golfschläger) oder eines Astes

🛈 Wenn Sie Ihrem Kind verschiedene Bälle zum Spielen anbieten, fördern Sie die Motorik Ihres Nachwuchses. Je nachdem wie die Kinder mit dem Ball hantieren, trainieren Sie zum Beispiel ihre Auge-Hand-Koordination (zielen, werfen und fangen), ihre zeitliche Planung (fangen), die Koordination beider Hände (prellen), ihre motorische Planung (beim Ausprobieren neuer Bewegungsmuster) oder ihre Auge-Fuß-Koordination (schießen). Wenn Ihr Kind die Möglichkeit hat sich mit vielen verschiedenen Bällen zu beschäftigen, wird es außerdem lernen, dass es mit unterschiedlichen Bällen unterschiedlich hantieren muss: einige springen mehr, andere bewegen sich langsamer, einige sind weich und leicht zu greifen, andere so groß, dass es den ganzen Körper einsetzen muss.

Hüpfball / Hüpftiere

Material:	handelsübliche Hüpfbälle oder Hüpftiere
Zeitaufwand:	ca. 15 Minuten
Alter:	ab 3 Jahren

Ein Hüpfball ist ein aufblasbarer Gummiball, der zumeist als Spielgerät für Kinder dient und dabei die Koordination und das Gleichgewicht trainiert, sowie den Muskelaufbau fördert.
Zum Festhalten beim Hüpfen haben Hüpfbälle einen oder zwei Griffe. Erhältlich sind auch Abwandlungen des Hüpfballs in Form von Hüpftieren, wie etwa Hüpfpferden, bei denen die Ohren als Griffe dienen.

Mit den Hüpfbällen können Kinder drinnen und draußen spielen, allerdings sollten Sie darauf achten, dass der Untergrund eben und nicht steinig ist (zum Beispiel Rasenfläche). Außerdem ist es wichtig, dass die Bälle immer ausreichend aufgepumpt sind, da das Hüpfen sonst sehr mühsam wird.

Auf den Hüpfbällen können sich Kinder durch Zimmer oder über Rasenflächen bewegen, sie können um Hindernisse herum hüpfen oder Wett-Hüpfen veranstalten. Durch den hohen Aufforderungscharakter beschäftigen sich Kinder meist selbstständig mit dem Spielgerät.

Hüpfbälle fördern die Motorik Ihres Kindes. Das gleichzeitige Halten der Griffe und das Abstoßen mit den Füßen verbessern die Koordination und den Muskelaufbau von Rücken-, Bauch und Beinmuskulatur. Nach und nach wird Ihr Kind seine Ausdauer steigern. Durch die Bewegung, die relative Instabilität und die geringe Auflagefläche des Balles trainiert Ihr Kind zudem sein Gleichgewicht.

Steckbausteine

Material:	Bunte Steckbausteine / Steckblumen
Zeitaufwand:	5 bis 30 Minuten
Alter:	ab 3 Jahren

Für ca. 5 Euro bekommt man Packungen mit Steckbausteinen. Da diese Packungen klein und leicht sind, sind sie gut zum Mitnehmen für unterwegs und auf Reisen geeignet.

Mit den Steckbausteinen lassen sich Blumen, Figuren und viele andere Kunstwerke bauen. Gleichzeitig kann man die richtige Benennung der Farben trainieren. Wichtig ist, dass Sie den Kindern zeigen, dass die Bausteine ganz ineinander geschoben werden müssen, ansonsten brechen die Bauwerke sehr leicht und Frustration kann entstehen.

Steckbausteine helfen Ihrem Kind sich im Bereich Feinmotorik weiterzuentwickeln. Die Kinder üben das gezielte Greifen und arbeiten mit beiden Händen. Um die Teile gut ineinander zu fixieren, ist dabei eine genaue Abstimmung der Bewegungen wichtig, die mit dem Auge überwacht wird (Auge-Hand-Koordination). Die Kinder trainieren außerdem ihre Kognition, da sie ihre kleinen Bauwerke planen oder durch Versuch und Irrtum zum Erfolg kommen. Kinder lernen so, dass es Stellen gibt, an denen die Steine besser oder schlechter halten, dass manche Teile unterstützt werden müssen und dass hohe Bauwerke an Stabilität verlieren. Ganz nebenbei lassen sich Farb- und Formwahrnehmung trainieren.

Holzbausteine

Material:	bunte Holzbausteine
Zeitaufwand:	15 bis 45 Minuten
Alter:	ab 2 Jahren

Holzbausteine gibt es in den unterschiedlichsten Formen, Größen und Farben. Für Kinder im Alter von 2 bis 4 Jahren sollten die Bausteine nicht zu groß und nicht zu klein sein, so dass die Steine gut von Kinderhänden gegriffen werden können. Umso jünger die Kinder sind, umso reduzierter darf das Angebot sein. Von einer zu großen Menge an Steinen fühlen sich die Kleinen eher überfordert. Mit zunehmendem Alter kann sich die Menge steigern und es können auch besondere Elemente wie Turmspitzen oder Bögen angeboten werden.

Schon zweijährige Kinder sind in der Lage einen kleinen Turm zu bauen. Groß ist der Jubel, wenn dieser umgestoßen und gleich wieder aufgebaut wird. Ältere Kinder bauen aus den Steinen Burgen und Schlösser, Treppen, Brücken, Häuser oder Bauernhöfe. Schnell entstehen auch Straßen für Spielzeugautos oder Tiergehege. Die Holzbausteine lassen sich mit anderem Spielzeug gut kombinieren.

ℹ️ Das Bauen mit Holzbausteinen trainiert die Feinmotorik der Kinder. Sie beüben dabei intensiv ihre Auge-Hand-Koordination, da sie immer wieder einen Stein auf den anderen setzen und dabei die Position der Steine mit Auge und Hand überprüfen und korrigieren müssen. In einer freien Spielsituation werden Sie beobachten können, dass die Kleinen mit beiden Händen arbeiten und so lernen, die Bewegungen zu koordinieren. Die Beschäftigung mit Holzbausteinen verbessert aber auch die Kognition im Sinne von Konzentration und Vorstellungsvermögen.

Puppen oder Kuscheltiere

Material:	Puppe, Kuscheltier, Puppenkleidung
Zeitaufwand:	5 Minuten bis 30 Minuten
Alter:	ab 2 Jahren

Vielen Kindern vermittelt die Lieblingspuppe oder der Teddybär Sicherheit. Abgesehen davon werden mit den Stofftieren und Puppen mit Rollenspielen alltägliche Tätigkeiten eingeübt, sie werden gefüttert, ins Bett gebracht, aber auch an- und ausgezogen. Puppen oder Kuscheltiere sind ein zentrales Element im Rollenspiel der Kinder. Mit ihrer Hilfe verarbeiten die Kinder Emotionen oder Erlebnisse, erproben Lösungswege für Konflikte und stärken ihr Selbstbewusstsein.

Achten Sie bei der Kleidung für Puppe oder Teddybär darauf, dass die Kinder sie leicht öffnen und schließen können. Besonders schön ist es, wenn mit der Kleidung verschiedene Systeme eingeübt werden, die auch die Kinderkleidung aufweist, also Knöpfe, Druckknöpfe, Haken und Reisverschlüsse. Die oft angebotenen Klettverschlüsse sind zwar leicht zu bedienen, haben aber keinen Übungseffekt.

ⓘ Die Beschäftigung mit Puppen oder Kuscheltieren trainiert die Kognition Ihres Kindes. Es spielt mit ihnen Situationen des alltäglichen Lebens nach und kann diese so besser verstehen. Das „als ob" Spiel ist eine gute Möglichkeit für die Kinder, ihr Aufgabenverständnis zu verbessern, sich emotional zu stabilisieren und ihr Selbstbewusstsein zu stärken.

Ganz nebenbei fördert das Spiel mit Puppe und Kuscheltier zudem die Feinmotorik. Die meisten Puppenkleider verfügen über Verschlüsse, die mit gezielten Fingerbewegungen geöffnet oder geschlossen werden müssen. So macht sich der Nachwuchs gleichzeitig mit Knöpfen, Schnallen oder Reißverschlüssen vertraut

Lastwagen oder anderes Auto mit Ladefläche

Material:	Auto zum Beladen, zum Beispiel aus Holz
Zeitaufwand:	5 bis 15 Minuten
Alter:	ab 2 Jahren

Kinder ab 2 Jahren räumen wie im Lebensjahr zuvor gerne Sachen aus und ein. Wenn man Bausteine auf einen Lastwagen stapelt, lernt man nach und nach, wie die Bausteine geordnet werden müssen, damit alle Bausteine auf die Ladefläche passen und beim Fahren nicht herunterfallen. Auch mit Autos oder Lastwagen spielen Kinder Rollenspiele. Es ist ganz normal, wenn sich die Autos unterhalten. Oft werden die Kinder aber Szenen des Alltags nachspielen, dann besteigen Puppen oder Tiere die Fahrzeuge.

Das Beladen der Fahrzeuge trainiert die Auge-Hand-Koordination der Kinder, sowie ihre motorische Planung und ihre Hand-Hand-Koordination. Wenn die Kids die Fahrzeuge steuern verfolgen sie meist eine gedachte Fahrbahn, an die sie ihre Hand- und Armbewegungen anpassen. Die Bewegungen müssen dabei gut abgestuft werden, da abruptes Anschieben oder Abbremsen ein Abrutschen der Steine zur Folge hätte. Auch wenn es die Kinder anfänglich frustriert, lernen sie doch aus solchen klar erkennbaren Zusammenhängen, ohne dass sie ein Erwachsener darauf aufmerksam machen muss.

Bilderbücher

Material:	verschiedene Bilderbücher
Zeitaufwand:	5 bis 30 Minuten
Alter:	ab 2 Jahren

Es gibt eine Unmenge an Bilderbüchern zu nahezu jedem Thema, aus verschiedenem Material, mit mehr oder weniger Text. Egal ob Sie sich im Buchhandel oder im Internet erkundigen, Sie werden auf ein gut sortiertes Angebot stoßen. An dieser Stelle soll nicht über „gute" oder „schlechte" Bücher diskutiert werden (entscheiden Sie danach, was Ihnen zusagt oder fragen Sie andere Mütter, Kindergärtnerinnen oder Buchhändler um Rat). Um Ihrem Kind die besten Entwicklungsmöglichkeiten zu bieten, sollten Sie aber unbedingt eine kleine Auswahl an Bilderbüchern zu Hause haben. Schauen Sie sich die Bücher mit jüngeren Kindern zusammen an. Weisen Sie das Kind auf das Geschehen hin, sprechen sie deutlich, nehmen Sie immer wieder Blickkontakt zum Kind auf, wenn Sie neue Wörter formulieren und binden Sie das Kind mit ein (wo ist der Ball?). Für kleine Kinder ist es ausreichend, wenn das Buch nur einzelne deutliche Bilder anbietet.

Wenn in Bilderbüchern für etwas ältere Kinder bereits Handlungsabfolgen vorkommen, dann müssen Sie diese eventuell mit den Kindern aufarbeiten (warum ist der Junge jetzt wütend?) um Zusammenhänge zu klären. Geben Sie Ihrem Nachwuchs immer die Möglichkeit, Fragen zu stellen. Manches, was uns nie in den Sinn kommen würde, irritiert oder verängstigt die Kinder.

Bilderbücher haben einen positiven Einfluss auf die Wahrnehmung Ihres Kindes. Wenn es einzelne Bilder im Buch benennen oder zeigen soll, so muss es dieses erst visuell (mit den Augen) wahrnehmen. Es erkennt dabei einen gezeichneten Gegenstand wieder obwohl dieser anders aussieht als das Gegenstück in der Kindlichen Realität (Formkonstanz). Bei anspruchsvolleren Bilderbüchern und so genannten Wimmelbildern muss das Kind zudem eine Vielzahl an unwichtigen Informationen ausfiltern, um sich auf das relevante Bild zu konzentrieren (Figur Grund). Während des Zuhörens trainieren die Kids ihre auditive Wahrnehmung sowie ihre Konzentration.

Die intensive Beschäftigung mit einer Bezugsperson beim Bilderbuch anschauen stärkt zudem das Selbstvertrauen des Kindes und hat einen fördernden Einfluss auf das Sprachverständnis und die Sprachentwicklung.

Spielzeugfiguren

Material:	verschiedene Spielfiguren, zum Beispiel Tiere aus Hartplastik oder Holz
Zeitaufwand:	beliebig
Alter:	ab 2 Jahren

Mit den Spielzeugfiguren können Rollenspiele ausgeführt werden. Egal ob das Tiere aus dem Zoo, Dinosaurier oder menschliche Figuren aus dem Puppenhaus sind.

Kleine Kinderhände müssen den Umgang mit den Figuren erst noch üben: sie lassen sie „gehen" oder stellen sie zu Formationen auf. Dabei ist es gar nicht so einfach, für alle Figuren einen sicheren Stand zu finden.

Praxistipp: Die Spielzeugfiguren können gut bei Tast-Kimspielen benutzt werden!

Im Umgang mit Spielzeugfiguren verbessern Kinder ihre Feinmotorik und ihre Kognition. Durch die Vielzahl unterschiedlicher Figuren kann das Kind mit verschiedenen Charakteren spielen, in unterschiedliche Rollen schlüpfen und lernen, Situationen aus verschiedenen Perspektiven wahrzunehmen. Da die Figuren klein sind müssen die Kinder differenzierte Greifformen anwenden und dabei Fingerbewegungen erproben. Beim Abstellen brauchen sie eine gute Auge-Hand-Koordination, um den gewünschten Platz zu treffen und keine in der Nähe stehenden Figuren dabei umzuwerfen.

10. Im Urlaub, in Auto, Bahn, Flugzeug – Spiele aus der Handtasche

Ich sehe was, was Du nicht siehst …

Material:	keines
Zeitaufwand:	nach Belieben
Alter:	ab 3 Jahren

Ein Spieler sucht sich einen Gegenstand im Zimmer/ Auto/ Bus/ Zug/ Flugzeug aus und benennt mit dem Spruch „Ich sehe was, was Du nicht siehst und das ist …" die Farbe des Gegenstandes. Die übrigen Mitspieler müssen nun raten, welcher Gegenstand gemeint ist. Dieses Spiel ist geeignet für Kinder, die die Farben schon gut beherrschen.

⊙ **Praxistipp:** Kleinere Kinder, die noch dabei sind die Farben zu lernen, können auf Autofahrten Farben suchen. Zum Beispiel: „ Wir suchen alles was grün ist." „Bäume, Blätter, Wiese, Gras, Beschriftungen.

ⓘ Das Spiel „Ich sehe was…" fördert Ihr Kind im Bereich Kognition. Es muss sich auf die Aussage des Spielpartners konzentrieren und sie sich eine zeitlang merken. Während es umherschaut, muss es ständig die gesehenen Dinge mit der Vorgabe abgleichen. Zudem wird die visuelle Wahrnehmung angeregt, da die Kinder motiviert sind genau hinzusehen und sich immer wieder auf kleine Details zu konzentrieren.

Fingermännchen

Material:	Kugelschreiber
Zeitaufwand:	5 Minuten
Alter:	ab 2 Jahren

Mit einem Kugelschreiber werden Gesichter auf die Finger gemalt. Zunächst kann erst ein Fingermännchen erscheinen und dem Kind ein Lied vorsingen und sich mit dem Kind unterhalten. Nach einiger Zeit kann dann ein zweites Fingermännchen dazu gemalt werden. Vielleicht möchte ja auch das Kind ein Fingermännchen haben?

Praxistipp: Dieses Spiel eignet sich sehr gut, um Wartezeiten zu überbrücken. Einen Kugelschreiber hat man oft in der Handtasche oder in Reichweite, so dass weder Vorbereitung noch Planung notwendig sind, um diesen Zeitvertreib anzuwenden.

Obwohl das Spiel Fingermännchen vordergründig dazu dient, Ihr Kind abzulenken oder kurzweilig zu beschäftigen, trainieren Sie damit doch auch seine Kognition und seine Wahrnehmung. Das Fingermännchen an Ihrer Hand stellt einen Reiz dar, auf den sich das Kind konzentrieren soll. Es fixiert den Finger mit den Augen und hört Ihre Stimme. Mit etwas Phantasie kann es sich auf eine Unterhaltung mit seinem „Gegenüber" einlassen. Wenn Sie Ihrem Kind ein Fingermännchen aufzeichnen, spürt es einen leicht kitzelnden Reiz an der hochsensiblen Fingerspitze, den viele Kinder spannend finden. Es nimmt seinen Finger in diesem Augenblick deutlich wahr.

Montagsmaler und Mini-Origami

Material: Kugelschreiber oder Bleistift, etwas Paper, kleiner Block

Zeitaufwand: 5 Minuten

Alter: ab 2 Jahren

Dieses Spiel ist ebenso wie die Fingermännchen sehr geeignet, unterwegs, im Wartezimmer, Restaurant oder Zug die Wartezeit zu verkürzen, wenn keine anderen Spielmöglichkeiten vorhanden sind oder von den Kindern nicht angenommen werden.

Zeichnen Sie einfache Figuren, wie zum Beispiel ein Haus, ein Strichmännchen, einen Baum etc. auf, das Kind soll erraten, was Sie gezeichnet haben. Großen Spaß macht den Kindern auch das Mondgesicht. Hierbei zeichnen Sie zuerst einen Kreis, dann zwei Punkte als Augen, einen Strich als Nase und einen als Mund. Sagen Sie, während Sie malen, das Mondgesichtsprüchlein: „Der Mond ist rund, der Mond ist rund, er hat zwei Augen, Nas und Mund."

Steht Ihnen ein richtiger kleiner Block zur Verfügung, dann können Sie auch erst einfache Formen falten, wie Boote, Hüte und Papierflugzeuge. Ein Haus entsteht ganz einfach, wenn Sie die oberen zwei Ecken des Papiers zur Mitte falten. Diese Miniaturen können bemalt oder auch sofort bespielt werden.

Praxistipp: Auf einer Zugfahrt von Hamburg nach München mit zwei Kindern hatte ich ein Origamibuch und das entsprechende Papier mitgenommen. Die Formen sollten nicht zu schwierig sein, aber mit einfachen Faltfiguren konnten wir uns lange Zeit mit falten und spielen beschäftigen.

Das Spiel Montagsmaler zielt auf die visuelle Wahrnehmung Ihrer Kinder. Es geht darum einen gemalten Gegenstand zu erkennen, also eine eindimensionale Zeichnung mit einem realen Gegenstand zu assoziieren. (Formkonstanz) Raten die Kinder schon beim Zeichnen, versuchen sie aus den noch lückenhaften Formen ein Ganzes entstehen zu lassen (Gestaltschluss).

Faltarbeiten fördern die Feinmotorik und die Kognition. Es sind beide Hände im Einsatz, die Finger führen differenzierte Bewegungen aus, es muss genau entlang von Kanten gestrichen werden. Wenn Ihr Kind Ecke auf Ecke faltet, braucht es eine gute Auge-Hand-Koordination. Wenn Sie eine Faltarbeit ausführen und Ihr Kind simultan mitarbeitet, muss es Ihre Handlungsschritte imitieren und diese von Ihrem Papier auf sein eigenes übertragen.

Fingerspiele

Material:	keines
Zeitaufwand:	einige Minuten
Alter:	ab 1 Jahr

Gespensterhaus

Mein Haus hat vier Ecken.

(mit beiden Zeigefingern ein Quadrat in die Luft malen)

Geister sich verstecken

(Hände hinterm Rücken)

in diesen vier Ecken.

(mit beiden Zeigefingern ein Quadrat in die Luft malen)

Ich öffne die Fenster-

(so tun, als öffne man ein Fenster)

weg sind die Gespenster.

(„Gespenster" rauspusten)

Berufe

Alle meine Fingerlein wollen heute fleißig sein,

der Daumen ist der Bäcker,

sein Kuchen schmeckt sehr lecker.

Der Zeigefinger Bauersmann,

der Kühe richtig melken kann.

Der Mittelfinger Astronaut,

der immer zu den Sternen schaut.

Der Ringfinger setzt Stein auf Stein,

das kann doch nur der Maurer sein.

Der letzte ruft, oh nein oh nein,

zum Arbeiten bin ich zu klein!

Das ist der Daumen,

Der schüttelt die Pflaumen,

Der hebt sie alle auf,

Der trägt sie nach Haus,

Und der kleine Finger,

Isst sie alle auf.

1– 2 – 3 – 4 – 5 Matrosen wollten einst auf Reisen gehen,

1 – 2 – 3 – 4 – 5 Matrosen wollten sich die Welt ansehen.

Der Daumen war als Koch dabei:

„Zu Mittag gibt's Spinat und Ei!"

Der Zeigefinger, dass ihr's wisst,

War auf dem Schiff der Maschinist.

Der Mittelfinger, seht mal an,

Ist unser langer Steuermann.

Der Ringfinger ist der Kapitän,

Muss immer nach dem Rechten seh'n.

Der kleinste frech und keck

Springt als Schiffsjunge auf dem Deck.

Die 5 Finger

Der sagt: „Ich bin berühmt und reich!"

Der sagt: „Ich bin ein Wüstenscheich!"

Der sagt: „Ich bin der Nikolaus!"

Der sagt: „Ich bin 'ne kleine Maus!"

Der kleine sagt: „Ich glaub' ihr spinnt!

Ihr wisst doch, dass wir die 5 Finger sind!"

Besuch im Zoo

Fünf Kinder gehen in den Zoo,

und jeder schreit: „Ich freu' mich so!"

Der erste will gleich zu den Affen,

der zweite nur zu den Giraffen.

Der dritte will den Tiger sehn,

der vierte will zum Nashorn geh'n.

Der fünfte ruft: „I wo,

ich muss erst einmal auf's Klo!"

Eine Schnecke

Zur Melodie von „Bruder Jakob"

Eine Schnecke, eine Schnecke,

Krabbelt rauf, krabbelt rauf,

Krabbelt wieder runter,

Krabbelt wieder runter,

Kitzelt Dich am Bauch,

Kitzelt Dich am Bauch.

Während Sie das kleine Lied singen, krabbelt Ihr Zeigefinger den Arm Ihres Kindes hinauf bis zum Kopf, dann wieder hinunter und dann kitzeln Sie den Bauch.

Fingerspiel ohne Text

Material:	keines
Zeitaufwand:	3 Minuten
Alter:	ab 2 Jahren

Fällt Ihnen einmal kein Fingersprüchlein ein, dann können sich die Finger auch einfach „Guten Tag" und „Auf Wiedersehen" sagen. Dazu braucht man beide Hände und die Fingerspitzen werden nacheinander aneinander geführt. Erst treffen sich die Daumen, dann die Zeigefinger, dann die Mittelfinger und so weiter. Haben sich alle Finger getroffen, sagen sie sich „Auf Wiedersehen" und man löst die Fingerkuppen jeweils wieder voneinander. Machen Sie diese Fingerübung Ihrem Kind zunächst einige Male vor und fordern Sie es dann zum Mitmachen auf.

Abzählreime

Einfache Abzählreime helfen, in Spielsituationen herauszufinden, wer beginnen darf oder wer in welcher Mannschaft spielt. Kinder benutzen Abzählreime aber auch, um andere Entscheidungen zu erleichtern (will ich Kirsch- oder Erdbeerjoghurt). Wichtig ist die Beschäftigung mit Sprache und vielleicht weisen Sie schon mal darauf hin, was ein Reim ist und dass das schön klingt.

Ene mene miste

Es rappelt in der Kiste

Ene mene meck

Und du bist weg.

Eins zwei drei vier fünf sechs sieben,

eine alte Frau kocht Rüben

eine alte Frau kocht Speck und Du bist weg.

Es gibt unglaublich viele Abzählreime und man kann auch selbst welche dichten.

Praxistipp: Suchen Sie sich 2 bis 3 Fingerspiele aus, die Sie gerne mögen und merken Sie sich diese, vielleicht kennen Sie ja auch noch einige aus Ihrer eigenen Kindheit. Mit diesem Grundstock an Spielen sind Sie schon bereit, Wartezeiten zu überbrücken und vielleicht auch einmal ein trauriges Kind zu trösten.

Alle Arten von Abzählreimen, Gedichten oder Liedern fördern die auditive Wahrnehmung. Die Kinder lernen unterschiedlich klingende Laute zu differenzieren, einen Rhythmus beizubehalten und Worte in Silben zu gliedern. Diese Abwendung, von der Bedeutung eines Wortes hin zu seinen klanglichen Elementen, ist ein wichtiger Schritt für das Erlernen von Lesen und Schreiben. Meist sind die Kinder sehr motiviert, die Texte zu verschiedenen Gelegenheiten vorzutragen und verbessern so ihre Merkfähigkeit. In Form von Fingerspielen trainieren Reime zusätzlich die Fingerbeweglichkeit und die Körperwahrnehmung der Kinder. Wenn sich Ihr Nachwuchs die Bezeichnungen der Finger nur schwer merken kann, nutzen Sie Fingerspiele als Merkhilfe.

Sching Schang Schong

Material:	keines
Zeitaufwand:	einige Minuten
Alter:	ab 3 Jahren

Ein Klassiker, der unter vielen Namen bekannt ist, vor allem auch als „Schere, Stein, Papier". Dabei treten zwei Spieler gegeneinander an und formen auf das Kommando „Sching, Schang, Schong" mit einer Hand entweder Schere (mit Zeigefinger und Mittelfinger), Stein (eine geschlossene Faust) oder Papier (die Finger werden flach ausgestreckt).
Dabei gewinnt Schere gegen Papier (Schere schneidet Papier), Papier gegen Stein (Papier wickelt den Stein ein) und Stein gegen Schere (der Stein schlägt die Schere kaputt).

Mit diesem kleinen Fingerspiel trainieren Kinder zunächst ihre Feinmotorik, da sie gezielt differenzierte Finger- und Handstellungen nachahmen müssen. Geht es darum, einen Gewinner unter den zwei Spielern zu ermitteln, wird zudem die Kognition angeregt: die Spielregeln nachvollziehen und taktisch überlegen, welche Figur man formen könnte.

Schatztruhe fürs Auto

Material:	kleine Schachtel (Schuhschachtel), kleine Spielzeuge und Bücher
Zeitaufwand:	einige Minuten
Alter:	ab 2 Jahren

Sammeln Sie in einer Schachtel kleine Spielzeuge, Mini-Bücher und Überraschungen. Dafür eignen sich zum Beispiel die Kleinigkeiten, die in Schokoladeneiern als Zugabe enthalten sind. Wichtig ist, dass die Kinder diese Schatztruhe nicht zu sehen bekommen. Geben Sie die Truhe nur anlässlich einer langen Autofahrt oder ähnlichem zum Spielen an Ihre Kinder.

11. Feste und Geburtstage – Viel Spaß, wenig Stress

Feiern und Feste sind sicher nicht die Gelegenheiten, bei denen man zuerst an Förderspiele denkt. Trotzdem lassen sich mit den in diesem Buch vorgestellten Spiel- und Bastelideen schöne Kinderfeste veranstalten, die den Kindern viel Spaß machen.

In der Regel feiern Kinder den dritten oder vierten Geburtstag zum ersten Mal bewusst mit anderen Kindern, so dass, abgesehen vom Kaffeetrinken und Kuchenessen mit Oma und Opa, das erste Fest für Ihr Kind ansteht. Mit ein wenig Vorbereitung werden Sie eine schöne Feier gestalten.

Zur Vorbereitung eines gelungenen Festes sollten Sie sich zu folgenden Punkten Gedanken machen und die Ergebnisse schriftlich festhalten:

- Motto
- Einladungen
- Ort des Festes und Dekoration
- Spiele und Preise
- Essen und Trinken

Das **Motto** oder Thema des Fests sollte, wenn möglich, die Vorlieben des Geburtstagskindes, aber auch das Alter und die Anzahl der Gäste, Jahreszeit und räumliche Gegebenheiten berücksichtigen. Für klassische Mottos wie Piraten oder Prinzessinnen gibt es Einladungen und Dekorationen fertig zu kaufen und man kann sogar bei einigen Anbietern Kisten mit den passenden Spielen und Kostümen ausleihen. Vielleicht ist Ihr Kind aber auch eher ein Fan von Autos oder mag Tiere besonders gerne. Für die Kleinsten eignet sich ein Fest ohne bestimmtes Motto mit vielen bunten Luftballons und Luftschlangen am besten.

Einladungen gibt es fertig zu kaufen, man kann sie aber auch mit wenig Aufwand selbst aus Tonpapier ausschneiden und beschriften. Auf den Einladungen sollte unbedingt der Name des Gastgebers, der Anlass des Festes sowie Ort, Datum und Uhrzeit angegeben sein, aber auch eventuell das Motto, ob die Kinder verkleidet kommen sollen und Ihre Telefonnummer für Rückmeldungen. Für Kinder im Alter von 2 bis 4 Jahren sind 2 bis 3 Stunden Feierzeit ausreichend.
Je nach Jahreszeit und Wetter können Sie das Fest im Haus oder im Garten, oder auch auf dem Spielplatz veranstalten. Wichtig ist, dass der **Bereich für die Party** deutlich (zum Beispiel auch durch die Dekoration) abgegrenzt ist und Sie die Kinder gut im Blick behalten können. Außerdem sollten Sie sich überlegen, wie viel Platz Sie zur Verfügung stellen wollen. Vielleicht kann man den Couchtisch für einen oder zwei Tage in einem anderen Zimmer unterbringen, wenn Sie im Wohnzimmer feiern wollen.

Luftballons und Luftschlangen dürfen bei der **Dekoration** nicht fehlen. Darüber hinaus sind der Kreativität je nach Motto kaum Grenzen gesetzt. Piratenflaggen, Verkehrszeichen aus Pappe und alle Autos aus dem Spielzimmer, Bäume und Hexenhäuser aus Tonpapier sind nur einige Beispiele. Bewährt hat sich eine Rolle mit einer weißen Papiertischdecke. Der Esstisch wird damit bezogen und die Tischdecke mit Klebeband festgeklebt und dem Thema entsprechend bemalt.

Wählen Sie fünf bis sechs **Spiele** aus, die Sie gut vorbereiten können und schreiben Sie sich eine Liste mit dem Ablauf der Spiele. Achten Sie bei der Auswahl darauf, dass mindestens ein oder zwei Spiele dabei sind, bei denen sich die Kinder austoben können und lassen Sie diese Spiele zuerst spielen. Haben sich die Kinder ausgetobt und ausreichend bewegt, dann können Sie ruhigere Spiele anbieten.

Überlegen Sie sich, welche **Preise** die Kinder nach den einzelnen Spielen bekommen sollen. Preise können natürlich Süßigkeiten, aber auch Aufkleber, Tattoos oder kleine Geschenke sein. Im Internet kann man zu fast allen Themen und Lieblingshelden der Kinder Malvorlagen herunterladen. Die Utensilien für die Spiele zusammen mit den Preisen werden dann in Schuhkartons oder Tüten gepackt, so dass Sie alles griffbereit haben. Am besten nummeriert man die Tüten oder Kartons in der geplanten Reihenfolge der Spiele und packt dann alles in einen großen Korb oder Karton.

Für ein Mottofest kann man eine übergeordnete Aufgabe stellen, die die Kinder bewältigen sollen. Piraten können zum Beispiel für jede bestandene Aufgabe einen Schnipsel einer Schatzkarte finden, Autofans einen Kinderführerschein machen und so weiter.

Wichtig ist, dass die Kinder für die Spiele genügend Zeit haben und Sie trotz des vorbereiteten Ablaufplans nicht darauf bestehen, dass alle Spiele in der richtigen Reihenfolge gespielt werden. Bleiben Sie flexibel, wenn die Kinder lange bei einem Spielangebot bleiben wollen, dann zeigt das, dass ihnen das Fest gefällt. Sollten ein oder mehrere Spiele von den Kindern nicht angenommen werden, dann lassen Sie das Spiel einfach weg und gehen zum nächsten Spiel über. Im Zweifelsfall lassen Sie die Kinder einfach mit Luftballons, Autos oder Buntstiften und Papier spielen.

Speisen und Getränke sind (für die Kinder) auf Kinderpartys eher Nebensache. Etwas Kuchen, Obst, Gemüsesticks und vielleicht Würstchen oder Pizza zu essen und Saftschorle zu trinken, sind ausreichend. Trotzdem gibt es auch hier Möglichkeiten, sich dem Thema des Festes anzupassen und Prinzessinnenkuchen oder Piratenpizza zu backen. Gummibärchen werden mittlerweile in allen möglichen Formen und Farben angeboten und dienen gleichzeitig als Dekoration auf dem geschmückten Tisch.

Wenn Sie ein Mottofest feiern wollen, haben wir nachfolgend einige Vorschläge für Sie ausgearbeitet. Zu jedem dieser und anderer Themenfeste können Sie aber auch klassische Geburtstagsspiele wie Topfschlagen und Blinde Kuh kombinieren.

Luftballonparty

Benötigt wird vor allem ausreichend Platz zum Toben mit den Ballons, am besten im Haus.

Als **Einladungskarte** je einen Luftballon (ca. 15 cm hoch und 12 cm breit) aus buntem Tonpapier ausschneiden. Mit einem weißen Lackstift beschriften.

Als **Dekoration** viele Luftballons aufpusten (lassen Sie sich dabei helfen und benutzen Sie am besten eine Ballonpumpe). Luftschlangen in Ringe teilen und mit dem Geburtstagskind zusammen auseinanderpusten. Auch bunte Girlanden und Fahnen passen zu diesem Fest, ebenso wie bunte Pappteller, Servietten und Becher. Als Girlanden kann man auch Hexentreppen basteln, die Beschreibung finden Sie auf Seite 109.

Es gibt sehr viele Spielideen mit Luftballons, die man auch immer wieder verändern kann.

Praxistipp: Sollte ein Luftballon platzen, sammeln Sie die Reste des Gummis unbedingt sofort ein und entsorgen Sie sie. Kleine Kinder können an den Resten von Luftballons ersticken.

Spielvorschläge für eine Luftballonparty

Spiel	Kurzinformation	Benötigtes Material	Seite
Luftballonspiel im Kreis	Die Kinder spielen sich im Kreis den Ballon zu, der den Boden nicht berühren darf. Kann man gut mit dem Spiel Ballonmarsch (S. 21) kombinieren	Ein Ballon, plus eventuell Ersatz	S. 21
Eierlaufen mit Ballon	Die Kinder transportieren einen präparierten Ballon auf einem Esslöffel von Start zum Ziel	Ein Ballon, der mit wenig Sand gefüllt wurde, ein Eßlöffel, Markierungen für Start und Ziel	S. 21
Farben-Reaktionspiel	Mit einem Farbenwürfel wird gewürfelt, die Kinder müssen dann schnell einen Ballon in der gewürfelten Farbe finden und laut den Namen der Farbe rufen	Viele Ballons in bunten Farben, ein Farbenwürfel	S. 55
Ballongrimassen	Auf je einen Ballon wird mit einem wasserfesten Stift ein einfaches Gesicht gemalt, am besten hilft dabei ein Erwachsener. Dann drücken die Kinder den Ballon und es entstehen ganz unterschiedliche Gesichtsausdrücke	Je ein Ballon für jedes Kind, ein wasserfester Stift	S. 22
Ballonkissen	Die Kinder sollen die Ballons einsammeln und in einen großen Kissenbezug legen, ist der Bezug voll, verschließt ein Erwachsener das Kissen und die Kinder können sich darauf legen und darüber klettern	Ein Kissenbezug und Ballons	S. 22

Party für Prinzen und Prinzessinnen

Alter:	Geeignet für Kinder ab 3 Jahren
Material:	Kostüme und andere Verkleidungssachen, Bälle, Korb, flache Kissen, golden bemalte Steine, Stoffsäckchen (sind manchmal in Brettspielen enthalten, sonst kann man auch einen großen Socken nehmen).

Kann wie hier beschrieben im Haus gefeiert werden, aber auch mit leichten Varianten im Garten.

Als **Einladungskarte** kann man Kronen mit einfachen Zacken aus gelbem Tonpapier ausschneiden und beschriften.

Zur **Dekoration** kann man Gold- und silberfarbige Stoffe und andere Materialien verwenden. Zum Beispiel sieht eine mit Alufolie umwickelte Schüssel sehr königlich aus. Zusätzlich kann man für jedes Kind eine Krone aus Tonpapier basteln. Für jedes gespielte Spiel bekommt dann das Kind einen kleinen glitzernden Aufkleber, den es auf die Krone kleben darf, um sie weiter zu verzieren.

Bastelanleitung Krone:
Bereiten Sie einen 60 cm langen und 25 cm hohen Streifen aus Tonpapier oder Goldpapier vor. An der oberen Kante werden die Zacken für die Krone mit Bleistift vorgezeichnet und dann ausgeschnitten (das können die Kinder auch selbst erledigen). Dann die Kronenenden zusammenfügen und mit einem Hefter zusammenklammern.

Spielvorschläge für eine Party für Prinz und Prinzessin

Spiel	Kurzinformation	Benötigtes Material	Seite
Verkleidungs-kiste	Zu Beginn des Festes dürfen sich alle Kinder als Prinz oder Prinzessin verkleiden	verschiedene Kostüme oder ausrangierte Kleidungsstücke	S. 58
Überschwem-mung im Wohnzimmer	Die Kinder müssen mit Hilfe der Kissen den See zum Schloss überwinden.	2 – 4 flache Kissen	S. 28
Korbball	Die Kinder sollen verschiedene Gold-bälle in die Schatzkiste werfen	verschiedene Bälle, zum Beispiel aus Alufolie, ein Korb, Eimer oder bemalter Karton	S. 41
Versteckte Steine	Die Kinder sollen Steine der Größe nach aus einem Stoffsäckchen holten	kleiner Sack aus Stoff, drei verschie-den große Steine, eventuell goldfarben bemalt	S. 96
Schatzsuche	Die Kinder sollen golden bemalte Steine in einem Zimmer finden	golden bemalte Steine	S. 56

Party der Tiere auf dem Bauernhof

Die **Einladungen** werden als einfache Rechtecke aus Tonpapier geschnitten, zusammengeklappt und außen mit ausgeschnittenen Tieren (aus Zeitschriften) oder Aufklebern verziert.

Dieses Fest ist gut geeignet, es im Garten zu feiern, aber auch im Esszimmer machen sich Karotten mit Grün und andere Gemüse als essbare **Dekoration** auf dem Tisch gut. Essbare grüne Gummischnüre, etwas gekürzt, können als essbares Heu dienen.

Als Einführung begrüßt man die Kinder und fragt sie, welche Tiere sie kennen, die auf dem Bauernhof leben und was sie sonst noch über die Arbeit auf dem Bauernhof wissen. Vielleicht möchten sich die Kinder aussuchen, welches Tier sie sind und Sie haben Talent, die Kinder zu schminken. Auch ein paar Schnurrhaare sehen schon sehr nach Tierparty aus.

Praxistipp: Als kleines Geschenk können Sie mit den Kindern zusammen Sonnenblumen in kleine Töpfchen (Joghurtbecher) säen, die die Kinder dann mit nach Hause nehmen dürfen. Falls Sie eine richtige Schubkarre haben, freuen sich die Kinder, wenn sie, am besten bevor sie abgeholt werden, eine Runde durch den Garten gefahren werden.

Das Fest kann natürlich auch als Zooparty gefeiert werden, wenn Ihr Kind exotischere Tiere bevorzugt.

Spielvorschläge für eine Party der Tiere auf dem Bauernhof

Spiel	Kurzinformation	Benötigtes Material	Seite
Tiere nachahmen	Die Kinder sollen Tiere vom Bauernhof benennen und gemeinsam nachahmen	keines	S. 30
Schubkarre fahren	Mit der menschlichen Schubkarre können zum Beispiel Tücher auf dem Rücken der Kinder transportiert werden	keines, eventuell bunte Tücher	S. 27

Fische angeln (Autos abschleppen)	Anstelle von Autos werden Fische aus Papier an den Schnüren befestigt und von den Kindern „eingeholt"	Selbst gemachte Fische aus Tonpapier und Woll- oder Schnurreste	S. 31
Tiere Kimspiel	Die Kinder sollen die Tiere, die im Kissenbezug versteckt sind ertasten und benennen	Tierfiguren aus Hartplastik oder Holz, Kissenbezug	S. 88
Schatzsuche	Die Kinder müssen im Sandkasten nach einem Schatz graben	Sandkasten, Schaufeln, ein wasserdicht verpackter Schatz	S. 56

12. Serviceteil

Glossar ergotherapeutischer Begriffe:

Auditive Wahrnehmung beschreibt den Vorgang des Hörens und in welcher Form Schall von Lebewesen wahrgenommen wird. In der Medizin wird mit „auditiv" alles beschrieben, was das menschliche Gehör betrifft.

Auge-Fuß-Koordination ist die Fähigkeit, die Beinbewegungen auf einen gesehenen Eindruck abzustimmen, z. B. beim Schießen eines Balles.

Auge-Hand-Koordination beschreibt die Fähigkeit, die Handbewegungen mit den über die Augen aufgenommenen Eindrücken abzustimmen. Sie spielt z. B. beim Malen, Einfädeln oder Ball werfen eine Rolle.

Feinmotorik bedeutet gezielte, kleinräumige und besonders koordinierte Bewegung, für die dem Menschen vor allem die Hände, aber auch Füße, Kopf und Gesicht zur Verfügung stehen. Zur Feinmotorik gehören Bewegungsabläufe wie das Sprechen, Schreiben oder Schuhe binden.

Grobmotorik umfasst die allgemeine Körper- und Gliederstärke und Bewegungskoordination. Dazu gehören Bewegungsabläufe wie das Gehen, Klettern, Hüpfen.

Gustatorische Wahrnehmung meint den Geschmacksinn der Zunge und des Gaumens. Dieser unterscheidet die Geschmackswahrnehmungen süß, sauer, salzig, bitter.

Die Bezeichnung **Kim-Spiel** beschreibt Spiele, bei denen es gleichzeitig um Merkfähigkeit und Wahrnehmung geht. Es ist ein Oberbegriff, der Spiele in allen Wahrnehmungsbereichen umfasst. Mit ein wenig Kreativität lassen sich Kim-Spiele schnell zu Hause durchführen. Im Handel sind sie meist nur bei Anbietern für Kindergarten- oder Therapiebedarf zu bekommen.

Kognition ist der Oberbegriff für die höheren geistigen Funktionen, also das Denken in einem umfassenden Sinne. Zu den kognitiven Fähigkeiten eines Menschen zählen zum Beispiel die Aufmerksamkeit, die Erinnerung, das Lernen, die Kreativität, das Planen und die Orientierung

Koordination (in Bezug auf Bewegungen) ist die Fähigkeit, Bewegungen, die ein schnelles und/oder zielgerichtetes Handeln erfordern, ökonomisch, präzise und harmonisch durchzuführen.

Motorik ist die Fähigkeit des Körpers eines Menschen, Tieres oder deren Organe, sich zu bewegen.

Motorische Planung heißt die Fähigkeit, benötigte Bewegungen in abrufbare Bewegungsmuster zu integrieren, so dass die Bewegungen flüssiger und schneller ablaufen. Die Planung erfolgt dabei unterbewusst auf der Kleinhirnebene.

Olfaktorische Wahrnehmung meint den Geruchssinn der Nase. Er spricht auf chemische Substanzen an, die in gasförmigem Zustand durch die Luft verbreitet werden.

Propriozeption meint die Wahrnehmung von Körperbewegung und Körperlage im Raum. Propriozeption leitet sich aus dem lateinischen proprius „eigen" und recipere „aufnehmen" ab.

Die **taktile** Wahrnehmung wird auch als Tastsinn des Menschen bezeichnet. Sie meint die Fähigkeit Berührungen, Temperatur, Schmerz, Druck und Vibration wahrzunehmen.

Unter **vestibulärer Wahrnehmung** versteht man den Gleichgewichtssinn. Er dient zur Feststellung der Körperhaltung und zur Orientierung im Raum.

Visuelle Wahrnehmung ist die Fähigkeit, gesehene Reize zu erkennen und sie durch Vergleichen mit früheren Erfahrungen zu interpretieren. Die Interpretation erfolgt dabei im Gehirn, nicht durch die Augen.

Wahrnehmung ist die allgemeine Bezeichnung für den komplizierten Vorgang der bewussten und unbewussten Sammlung von Informationen eines Lebewesens über seine Sinne, sowie deren Weiterleitung und Verarbeitung im Gehirn.

Kurzübersicht I: Die jeweils 5 besten Spiele für jede Gelegenheit

Die 5 besten Spiele für ein Kind

Spiel	Kurzinformation	Seite	Förderung
Lustige Fuß-gymnastik	ab 3 Jahre, kann nach einmaliger Vorbereitung immer wieder gespielt werden, Dauer: 5 bis 10 Minuten	17	Grobmotorik
Schubkarre fahren	ab 2 Jahren, kein Material benötigt, Dauer: einige Minuten oder mal zwischendurch	27	Grobmotorik
Kresse säen	ab 2 Jahren, kurze Vorbereitung gemeinsam, danach einige Tage immer wieder mal nachsehen	54	Kognition
Spiele in der Badewanne	ab 2 Jahre, kann regelmäßig beim Baden wiederholt werden	66	Wahrnehmung
Fingerspiele	ab 1 Jahr, kein Material benötigt, gut um Wartezeiten zu überbrücken	149	Wahrnehmung

Die 5 besten Spiele für viele Kinder

Spiel	Kurzinformation	Seite	Förderung
Spiele mit einem Seil	ab 2 Jahren, benötigt wird ein Seil oder eine dicke Schnur, verschiedene Spielmöglichkeiten	25	Grobmotorik
Autos ab-schleppen	ab 3 Jahren, etwas Vorbereitung notwendig	31	Feinmotorik
Verkleidungs-kiste	ab 3 Jahren, kann immer wieder erweitert und bei verschiedenen Rollenspielen eingebunden werden	58	Feinmotorik
Kneten mit Salzteig	ab 2 Jahren, einfach Kneten oder Geschenke basteln mit einfachen Mitteln	93	Feinmotorik
Straßenmal-kreiden	ab 3 Jahren, bei schönem Wetter ein Spiel für draußen	105	Feinmotorik

Die 5 besten Spiele für Regenwetter

Spiel	Kurzinformation	Seite	Förderung
Überschwemmung im Wohnzimmer	ab 2 Jahren, etwas Vorbereitung erforderlich,	28	Grobmotorik
Wasserschüttspiele	ab 3 Jahren, etwas Material notwendig, aber gut mit dem Spiel Wassermusik kombinierbar	52	Feinmotorik
Zupfinstrumente	ab 3 Jahren, wenig Material notwendig,	68	Wahrnehmung
selbstgemachte Bilderbücher	ab 2 Jahren, Anregung zum Umgang mit Schere und Klebstoff	113	Feinmotorik
Knüllpapierbilder	ab 2 Jahren, Bastelerfolg für die Kleinsten mit einfachen Mitteln	118	Feinmotorik

Die 5 besten Spiele für Wartezeiten

Spiel	Kurzinformation	Seite	Förderung
Ich sehe was, was Du nicht siehst	ab 3 Jahren, ohne Material, gut zum Farben lernen	145	Kognition
Montagsmaler und Mini-Origami	ab 2 Jahren, kleiner Block und Stift erforderlich	147	Kognition
Fingerspiele	ab 1 Jahr, ohne Material,	149	Kognition
Steckbausteine	ab 3 Jahren, Bausteine, die wenig Platz brauchen und viel Freude bereiten	139	Feinmotorik
Ü-Ei Memospiel	ab 2 Jahren, ein wenig Vorbereitung erforderlich	60	Kognition

Die 5 besten Tobespiele

Spiel	Kurzinformation	Seite	Förderung
Luftballon-spiele	ab 1 Jahr, viele verschiedene Spielmöglich-keiten mit wenig Material	21	Grobmotorik
Krach machen und Kissen-schlacht	ab 2 Jahren, beliebtes Spiel mit wenig Aufwand	36	Grobmotorik
Tiere nachah-men	ab 2 Jahren, einfaches Spiel mit wenig Aufwand	30	Kognition
Korbball	ab 2 Jahren, kann im Zimmer oder draußen gespielt werden	41	Grobmotorik
Bewegungspar-cours im Garten	ab 3 Jahre, verschiedene Spielmöglichkei-ten	43	Grobmotorik

Die 5 besten Spiele, die beruhigen

Spiel	Kurzinformation	Seite	Förderung
Mumien im Wohnzimmer	ab 2 Jahren, nur eine Wolldecke wird benötigt	19	Wahrnehmung
Wecker verste-cken	ab 4 Jahren, wenig Material, erfordert Aufmerksamkeit bei den Kindern	65	Wahrnehmung
Rückenschrei-ben	ab 3 Jahren, ohne Material jederzeit in halbwegs ruhiger Umgebung durchzufüh-ren	87	Wahrnehmung
Orangen mit Nelken	ab 3 Jahren, jahreszeitliches Spiel	77	Feinmotorik
Bunte Wachs-anhänger	mit Hilfe ab 3 Jahren, durch den Umgang mit brennenden Kerzen betreuungsinten-siv, aber sehr spannend für die Kinder	125	Feinmotorik

Kurzübersicht II: Die jeweils 5 besten Spiele nach Förderbereichen

Spiele für die Grobmotorik

Spiel	Kurzinformation	Seite	Förderung
Überschwemmung im Wohnzimmer	ab 2 Jahren, einige Blätter Papier, 2 Kissen, 10 bis 20 Minuten	28	Gleichgewicht, Auge-Fuß-Koordination, Körperkoordination
Decken-Transporter	ab 2Jahren, glatter Fußboden und eine Wolldecke, 5 bis 10 Minuten	20	Gleichgewicht, Regulation der Körperspannung
Spiele mit einem Seil	ab 2 Jahren, ein Seil oder dicke Schnur, einige Minuten pro Spiel	25	Gleichgewicht, Auge-Hand-Koordination, Körperkoordination
Schubkarre fahren	ab 2 Jahren , kein Material, geringer Zeitaufwand, als Ritual geeignet	27	Kraftaufbau, Schulter- und Hüftstabilität
Verschiedene Bälle	ab 2 Jahren, handelsübliche Bälle, ab 5 Minuten bis 1 Stunde	137	Auge-Hand-Koordination, Koordination, motorische Planung

Spiele für die Feinmotorik

Spiel	Kurzinformation	Seite	Förderung
Wasserschüttspiele	ab 3 Jahren, ein Tablett mit verschiedenen Flaschen und Gläsern, evtl. Lebensmittelfarbe, 10 bis 30 Minuten	52	Auge-Hand-Koordination, motorische Planung, Hand-Hand-Koordination
Orangen mit Nelken	ab 3 Jahren, Orangen und Gewürznelken, 20 Minuten	77	Kraft, Auge-Hand-Koordination, Pinzettengriff
Bemalte Steine	ab 2 Jahren, Steine und verschiedene Farben, 30 Minuten	110	Auge-Hand-Koordination, Umgang mit Pinsel, Abstufen der Malbewegung

Spiel	Kurzinformation	Seite	Förderung
Herbstcollage	ab 3 Jahren, 4 kurze Äste, verschiedene Dinge aus der Natur, Schnur, 60 Minuten	127	Hand-Hand-Koordination, Auge-Hand-Koordination, Kraft, differenzierte Fingerbewegungen
Holzbausteine	ab 2 Jahren, handelsübliche Holzbausteine, 15 bis 45 Minuten	140	Auge-Hand-Koordination, Hand-Hand-Koordination, motorische Planung

Spiele für die Körper-Eigenwahrnehmung

Spiel	Kurzinformation	Seite	Förderung
Mumien im Wohnzimmer	ab 2 Jahren, eine Wolldecke und ausreichend Platz, 10 bis 15 Minuten	19	Körperbewusstsein, Gleichgewicht
Rasierschaum-Matsch	ab 2 Jahren, Rasierschaum, 20 Minuten	89	Körperwahrnehmung und taktile Wahrnehmung
Rückenschreiben	ab 3 Jahren, kein Material, geringer Zeitaufwand	87	Körperwahrnehmung, Druckempfinden, Konzentration
Besuch vom Ball	ab 2 Jahren, ein Ball und eine Decke, 10 Minuten	97	Körperwahrnehmung, Konzentration und Aufmerksamkeit
Wie groß bin ich?	ab 2 Jahren, großflächiges Papier, Farben, 60 Minuten	107	Körperwahrnehmung, Körperbegriff

Spiele für die Umgebungs-Wahrnehmung

Spiel	Kurzinformation	Seite	Förderung
Farbenreaktionsspiel	ab 3 Jahren, ein Farbwürfel, 20 Minuten	55	visuelle Wahrnehmung, Farbwahrnehmung
Wecker verstecken	ab 4 Jahren, laut tickender Wecker, geringer Zeitaufwand	65	auditive Wahrnehmung, Richtungshören

Spiel	Kurzinformation	Seite	Förderung
Geräusche-Detektiv	ab 2 Jahren, Diktiergerät, etwas Vorbereitungszeit dann geringer Zeitaufwand und häufiger spielbar	69	auditive Wahrnehmung, Konzentration
Duftmemospiel	ab 3 Jahren, kleine Teedosen, verschiedene Kräuter, Alltagsdüfte oder Duftöle, 15 Minuten	74	Olfaktorische Wahrnehmung
Geschmacks-Kimspiele	ab 2 Jahren, verschiedene Lebensmittel, 15 Minuten	75	Gustatorische Wahrnehmung

Spiele für die Kognition

Spiel	Kurzinformation	Seite	Förderung
Verstecken	ab 2 Jahren, kein Material, geringer Zeitaufwand	26	Ausdauer, Frustrationstoleranz, räumliche Wahrnehmung
Eine Sammlung anlegen	ab 3 Jahren, Aufbewahrungsmöglichkeit	51	vergleichen, kategorisieren, sortieren, Aufmerksamkeit, Kreativität
Pappbecher-Memo	ab 2 Jahren, undurchsichtige Pappbecher, Süßigkeiten oder kleine Spielfiguren, 10 Minuten	59	Merkfähigkeit, Konzentration, Aufmerksamkeit
Ich sehe was, was du nicht siehst	ab 3 Jahren, kein Material, Zeitaufwand nach Belieben	145	Konzentration, Merkfähigkeit, Wahrnehmung
Kresse säen	ab 2 Jahren, Eierkarton, Kressesamen, 10 Minuten dann einige Tage Wartezeit	54	Ausdauer, Frustrationstoleranz, Wortschatz, biologische Zusammenhänge

Sach- und Materialregister

Postkarten 64
Rasierschaum 89
Raspel 123
Reis 67
Rollbrett 133
Rosinen 126
Salzteig 93, 95
Sand 91, 92, 158, 162
Sandförmchen 91, 93
Schachtel 67, 95, 99, 101, 154
Schale 99
Schatz 56, 86, 162
Schaufel 162
Schere 35, 64, 99, 100, 112, 118
Schleifpapier 123, 128
Schnee 50
Schneebesen 36
Schnur 31, 49, 61, 62, 79, 103, 125, 127, 161
Schubkarre 45 46
Schürze 32
Schüssel 120
Seil 25, 42, 157
Socken 53
Speckstein 123
Spiegel 63, 89
Spielsachen 31, 60, 66, 88, 141, 144, 154, 161,
Spritzflaschen 57
Steine 17, 49, 56, 51, 92, 96, 110, 104, 159
Stifte 17, 33, 37, 62, 63, 79, 107, 112, 118, 146, 147, 157
Stock 51, 127, 128, 31
Stoff 103
Stoffsäckchen 96, 159
Straßenkreide 42, 105
Styroporkugeln 108
Tablett 52, 92, 125
Taschenlampe 23
Teigrolle 93
Tontöpfe 102
Topf 36
Trichter 52
Tuch 62

Überraschungseier 60
Verkleidung 58, 159
Wachsmalkreiden 35, 48, 121
Wasser 32, 52, 54, 57, 59, 61, 66, 70, 81, 84, 85, 86, 91, 116, 112, 120
Watte 33, 54
Wecker 65
Wolle 29, 111, 121
Zeitschriften 113
Zitrone 37, 76

Register nach Förderbereichen

Interessante Links und Literatur

Links:

www.kinderaerzte-im-netz.de	Gesundheitsportal mit vielen Informationen
www.blindekuh.de	Suchmaschine für Kinder
www.mitmachmuehle.de	Seite der Bastelsendung im KIKA
www.ausmalbilder.de	eine von vielen Seiten mit kostenlosen Malvorlagen
www.flimmo.de	Programmberatung für Eltern, welche Medien und Fernsehsendungen sind für Kinder geeignet
www.kindergesundheit.info	hier erfahren Sie die Nummer der für Ihre Region zuständigen Giftnotrufzentrale, abschreiben und im Telefon speichern
www.barfusspark.info	Verzeichnis der Barfussparks und Spielideen
www.kindergeburtstag-spiele.de	Viele Spielvorschläge

Bücherliste:

- Anne-Bärbel Münchmeier: Spielen mit kleinen Kindern und Babys, Rowohlt Taschenbuchverlag GmbH, Reinbek bei Hamburg, Mai 1985
- Peter Gogen: Mit Kindern durch das ganze Jahr, mvg moderne Verlags GmbH, München 1976
- Marianne Austermann, Gesa Wohlleben: Zehn kleine Krabbelfinger, Kösel Verlag, 2002
- Daniel Picon: Origami, Fleurus Verlag GmbH, Köln 2008
- Laura Holdack, Elfrun Otterbach: Lieblingssachen für Kinder, Haupt Verlag, Bern 2007
- Bertrun Jeutner-Hartmann (Hrsg.): Das große Ravensburger Buch der Kinderbeschäftigung, Ravensburger Buchverlag, Ravensburg, 2006